女性優位の社会論

経済評論家
神田 烈
KANDA Isao

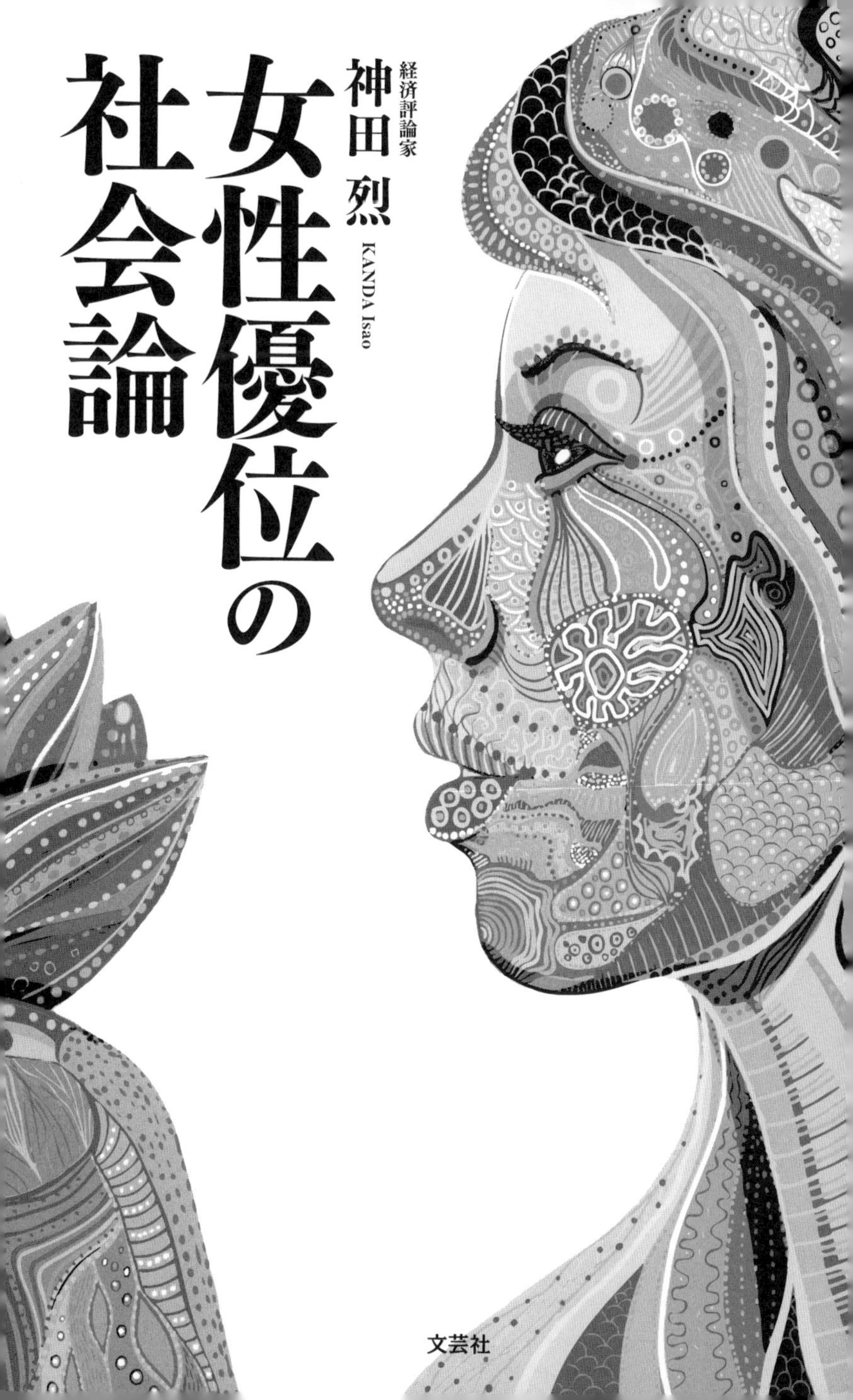

文芸社

序　文

何か重苦しい靄に覆われている気がします。その靄が次第に薄れてゆくものか、又は更に益々濃厚に推移するものか予想ができません。今後の21世紀は、世界的に予測が極めて難しい時代に突入する恐れを感じます。

●世界的に予想される色々な課題を考えてみます。

①生態系の破壊と人類に与える影響
②地球温暖化の進展と環境破壊の関連性
③資本主義の変容で新しい民主主義社会の誕生への期待
④先進国の独断政策で、発展途上国との葛藤
⑤米中を核とする覇権競いが世界各国に変革を起こす
⑥世界各国の軍事力増強の危機的方向性
⑦２０００年以上続いた人類の尊厳は何処へ飛散するか

●次に我国の直近の課題。
①日本の課題は、喫緊の項目として認識する必要がある
②約半世紀に亘る政治の悪政に依る三種の悪種に依り齎らされた厳しい社会環境に陥っている
③三つの悪種は、次の項目です
㋑確実に急進する人口減少に依る我国の衰退
㋺出口論が塞がれた厖大な国及び地方の借金地獄
㋩経済成長不可の構造的体質の認識の欠如
④以上の要因により、国全体に閉塞感と意気喪失を齎らし、国民間の格差を惹起している
⑤「日本は将来間違いなく消滅し消え去る。」世界及び我国の秀でた知識人の明言である（後述）
⑥世界的調査で我国女性の社会的地位は、世界最下位で将来も凋落が予想されている
⑦将来我国再生を果たし、先進国としての尊厳の維持は女性の社会的進出高揚の一

点にあります

その道筋として、ここ約30年に亘る倫理感欠如と低能俗の男性主導の政治社会（政策）から逸早く離脱し、その流れを断ち切る必要があります。

今後21世紀、我国再生の鍵は前述の通り女性集団に依託せざるを得ません。女性の方々の倫理感覚と理智的思慮に加えて、優れた多角的見識の集合知を以って啓蒙活動の必要を痛感します。

ジェンダーギャップ報告の世界最低の地位を脱却し、我国再生に逸早く貢献して欲しいとの強い思いで筆を取り上げた次第です。超高齢で浅学の身から著した拙書が少しでも女性の方々の意識向上に役立つことを願っております。

皆様方の率直な応援を期待しております。以上

令和四年十二月

神田　烈

目次『女性優位の社会論』

第一章　破産国日本の経済社会的実態

破鏡

過去を知らないで、
現在を知ることはできない

ゲーテ

①経済成長論の消滅

我国を破産に追い込んだ第一の悪種に就いて述べましょう。

未だに経済成長論を盲信している族「政府関係者、経済学者、エコノミスト」の言質を拾ってみます。

「成長を成し遂げてみせる」「世界の成長を我国が牽引する」等々の発言は正当なものか否か、過去約30年の成長の実態を見て下さい。〈**図表1**〉の通り平均1％前後です。我国の経済構造は、既に成長不可の体質になっているのです。過去30～40年間の成長を目論んだ政策が成果を挙げられず厖大な借金を累積させたのです〈**図表2**〉。この責任を政権与党は何の反省もしておりません。

私が不思議に痛感しているのは、よく飽きもせず約30年間に亘って斯様《かよう》な愚策を継続してきた事です。その裏付けを考えてみますと政権与党は政権維持を目指し、選挙対策としてゼネコンを柱に厖大な資金を公共投資名目で投入した事によるのです。

次章に、その功罪に就き、後述しますが、この厖大な投資を、将来我国の苦境対策

〈図表１〉 日本の経済成長率の推移

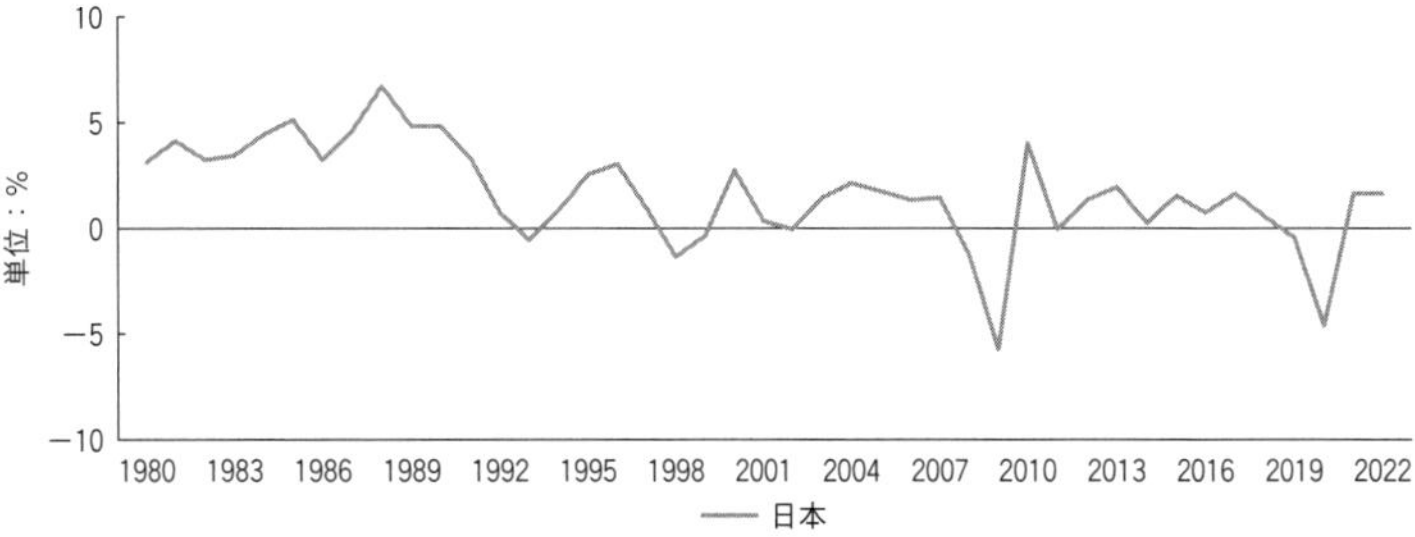

年	1980	1981	1982	1983	1984	1985	1986	1987	1988	1989
●	3.18	4.21	3.31	3.52	4.50	5.23	3.33	4.73	6.79	4.86
年	1990	1991	1992	1993	1994	1995	1996	1997	1998	1999
●	4.89	3.42	0.85	−0.52	0.88	2.63	3.13	0.98	−1.27	−0.33
年	2000	2001	2002	2003	2004	2005	2006	2007	2008	2009
●	2.77	0.39	0.04	1.54	2.19	1.80	1.37	1.48	−1.22	−5.69
年	2010	2011	2012	2013	2014	2015	2016	2017	2018	2019
●	4.10	0.02	1.38	2.01	0.30	1.56	0.75	1.68	0.58	−0.24
年	2020	2021	2022							
●	−4.50	1.62	2.39							

出典：IMF World Economic Outlook Databases（2022. 04）

〈図表 2〉 一般会計税収、歳出総額及び公債発行額の推移

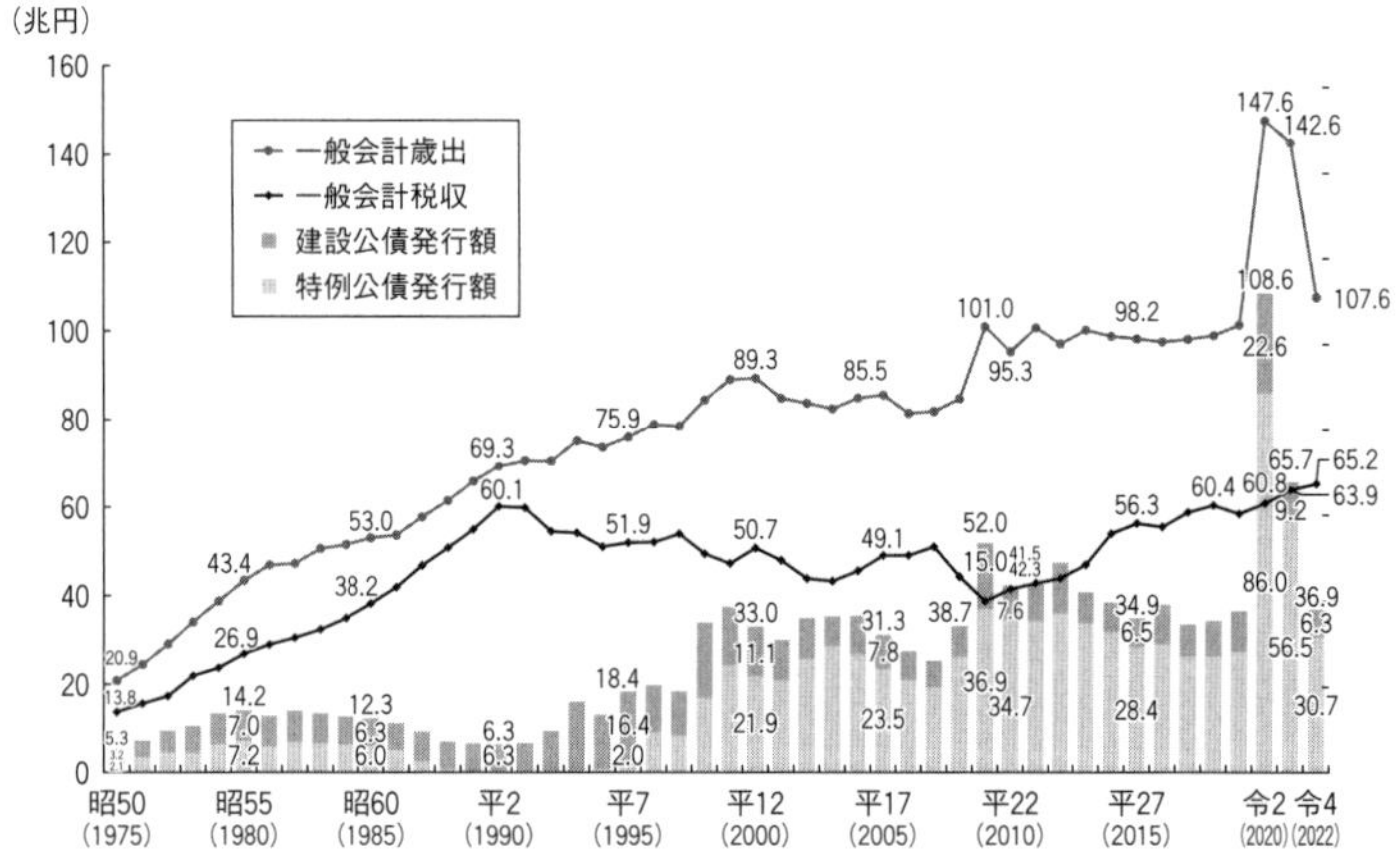

出典：IMF World Economic Outlook Databases

として、人口減少、高齢者福祉等に投入すべきではなかったかと痛感しております。この無駄と思われる投資金額はどの位の金額になったものか、概算するのにはかり知れない金額になるのです。次頁に概算してみます。

無駄な投資を換言しますと、主に公共投資の実態であります。その経緯を時系列に調査してみましょう〈**図表3**〉。

僭越ですが経済成長の初歩的な要因に関して述べてみます。その要素は極めて簡単な項目から構成されておりますので詳細に就きましては詳述を省略します。

経済成長増加の要素は次の通りです

①人口の増加
②資源の保有
③投資効率（ケインズ）（ヒックス理論）
④技術革新（シュンペーター）（デューゼンベリー理論）
⑤知的財産権
⑥輸入、輸出

我国の経済成長の過程を傍観してみますと、高度成長期以降模倣技術が世界の成長にささえられてきた経緯がありますが、最近は輸出需要も厳しくなり、環境は経済成長論も影が薄くなりつつあります。今後の最大の課題は、前の成長要素の中の①の人口の増加の状況です。

〈図表 3〉公共事業関係費の推移

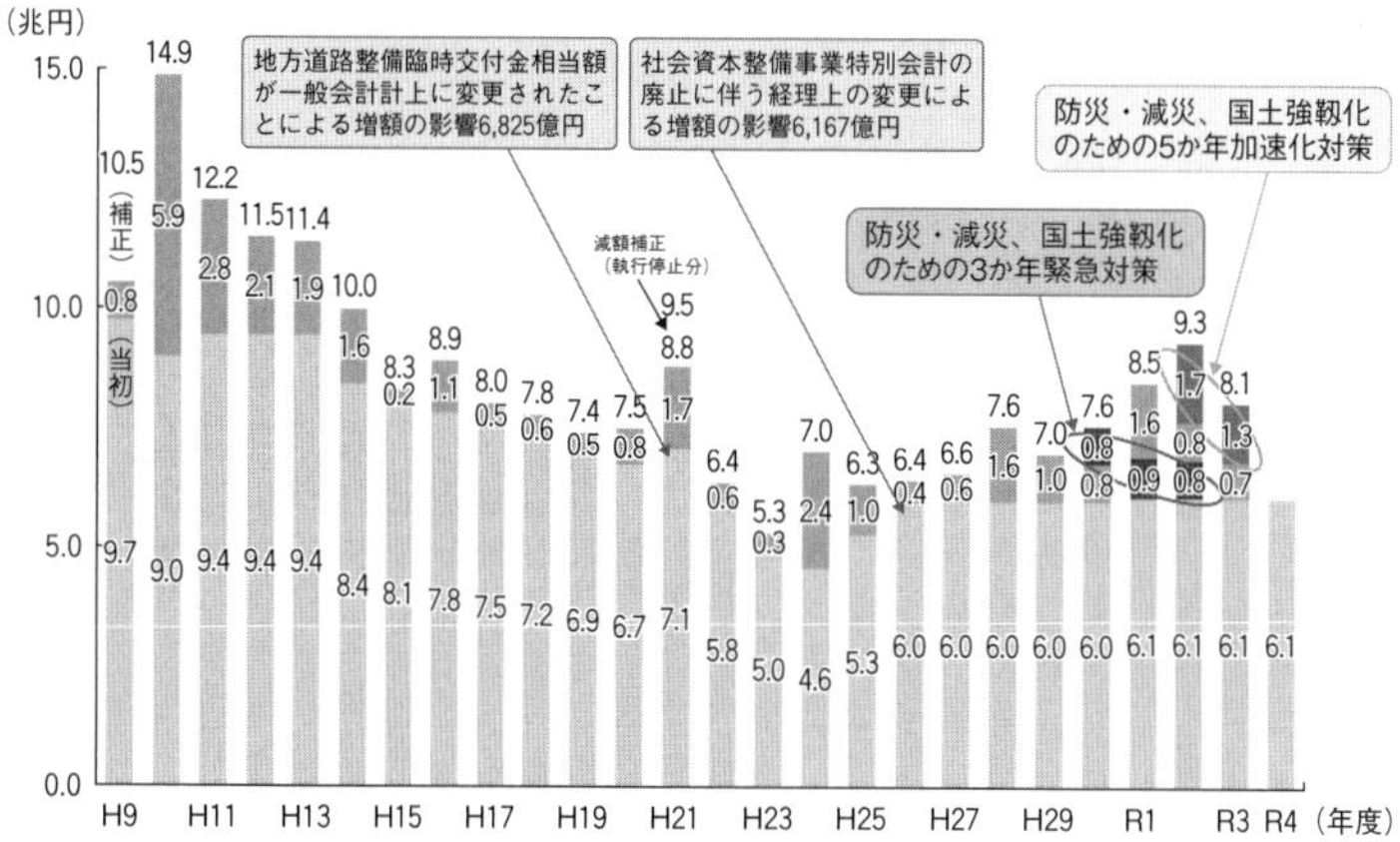

出典：財務省 平成31年度国土交通省・公共事業関係予算のポイント

②人口減少の最大要素の少子化状況

少子化の実態

この数値を最も端的に表現している言葉は特殊出生率です。我国の特殊出生率の実態を先進諸国の数値と比較してみます〈**図表4-1／2**〉。

欧州の優秀な諸国（スウェーデン、オランダ等）約30～40年前頃その数値が1・3～1・4程度の水準であったものが政府の将来危機感から強力な政策を打出し、２０１０年頃その数値が1・8～2・〇近くに上昇したのです。

斯様《かよう》な政府の強力な施策が無ければ、人口減少の基本的抑制は絶対に成功致しません。しかるに我国の場合は、その数値が1・4前後に現在も継続しております。安倍内閣当時の総理大臣が現在の数値を数年後の２０２０年頃には1・85を目指すとの発言がありますが、全く論理的根拠がない空論で、彼の低能さが窺えます。我国の知識程度の恥晒しです。

新しい政府が欧州各国の施策を参考にしても正常な数値（例えば1・80）迄引き上

〈図表 4 - 1〉 出生数、特殊出生率の推移

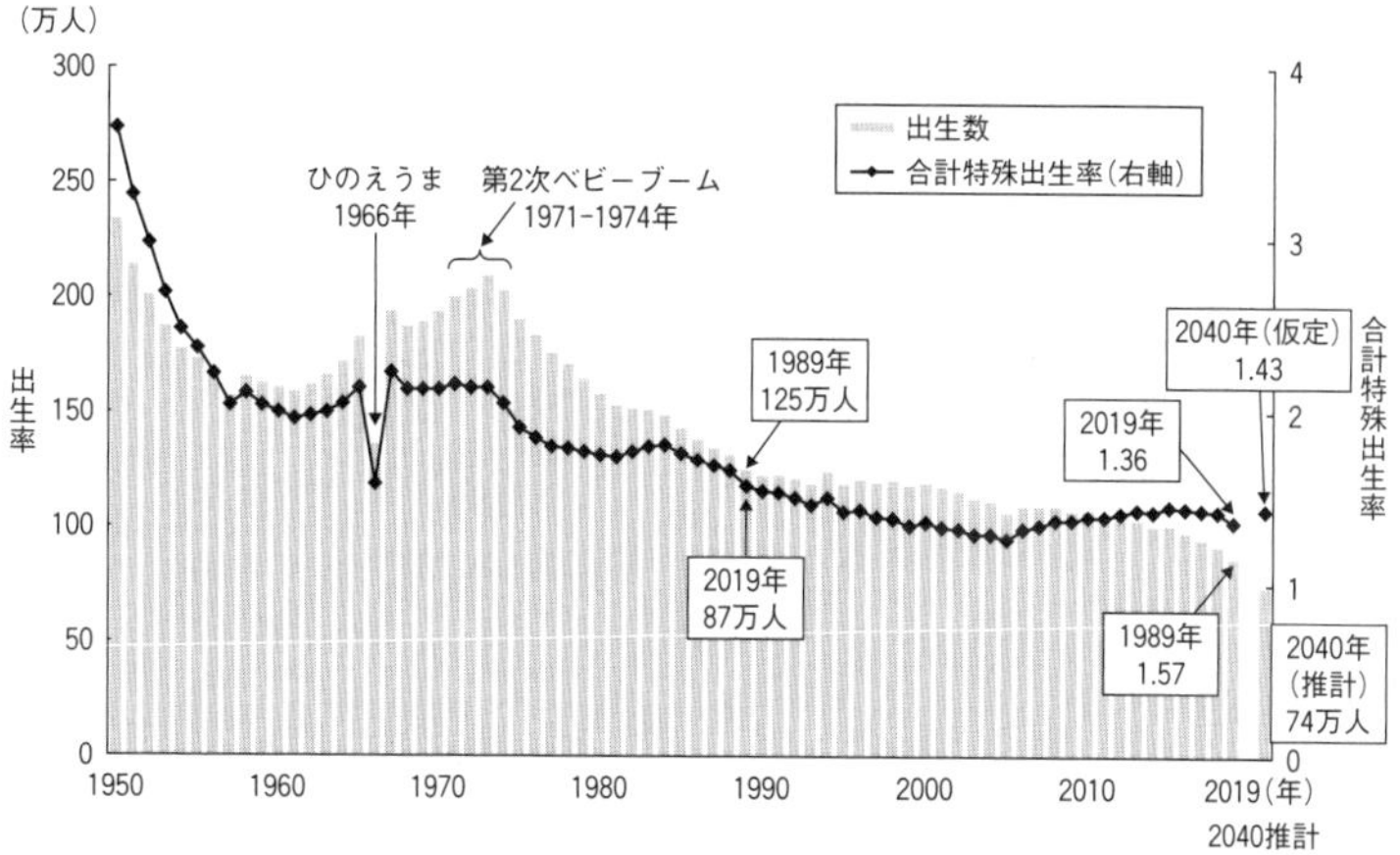

資料：厚生労働省「人口動態統計」

〈図表４－２〉 諸外国の合計特殊出生率の動き（欧米）

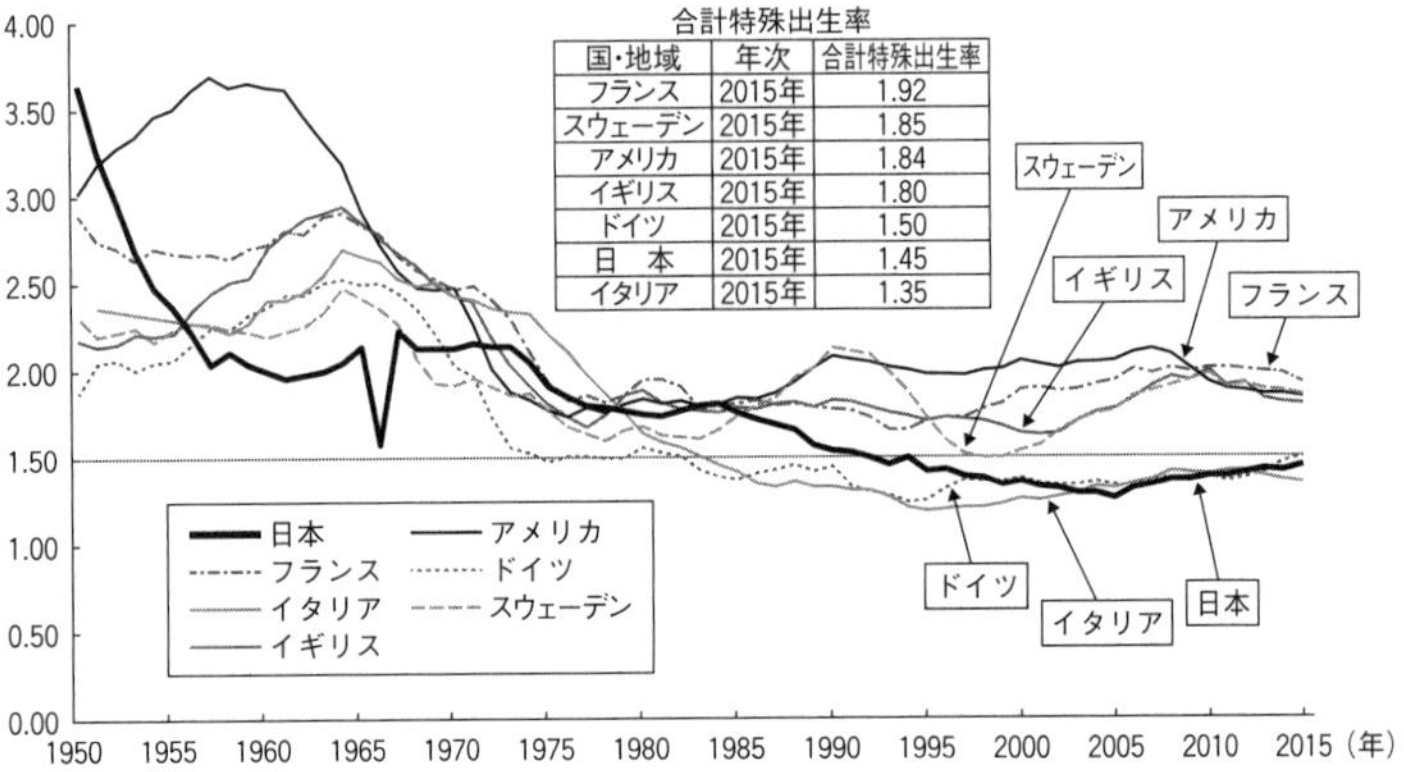

国・地域	年次	合計特殊出生率
フランス	2015年	1.92
スウェーデン	2015年	1.85
アメリカ	2015年	1.84
イギリス	2015年	1.80
ドイツ	2015年	1.50
日　本	2015年	1.45
イタリア	2015年	1.35

資料：1959年までUnited Nations "Demographic Yearbook" 等、1960年以降はOECD Family database（2017年5月更新版）及び厚生労働省「人口動態統計」を基に内閣府作成。

げるには順調に政策が履行されたとしても、スタートダッシュの弱い我国の場合、40年以上の歳月が必要になるでしょう。

次にその対策として、欧州諸国の例示を参考にして述べてみます。

特殊出生率を引き上げるに効果的施策を次に考えたいと思います。

端的に申し上げまして一つ目は、結婚を誘導する政策、二つ目は育児教育に関する手厚い政策でしょう。

では、欧州各国ではどの様な政策を立案したのでしょうか。**〈図表5〉**の通り、子供の育成費、教育費、医療費等環境整備が如何に整っているかを、考えてみます。別表の通り、各国との比較を丹念に認識すべきです。

我国ではその欧州各国の水準に近づくことは極めて難しいと思いますが、着実に進めていくべきです。

では横道に若干それますが現在の若い男女の結婚観について歴史と現在を振り返ってみます。

１９７０年の生涯未婚率は男性１・７%、女性３・２%であったものが２０１５年には男性29%女性19・５%で未婚大国の誕生となります。又、交際相手のいない未婚

〈図表5〉社会環境国際指標のデーター覧

	分類	合計特殊　出生率	Ⅰ．仕事と生活の両立可能性			Ⅱ．子育て支援の充実度						Ⅲ．ライフスタイル選択の多様性					
			1．適正な労働時間	2．働き方の柔軟性		1．地域の子育て環境			2．子育て費用の軽減	3．家族による支援		1．家庭内役割分担の柔軟性		2．社会の多様性寛容度		3．雇用機会の均等度	
	指標番号		1	2	3	4	5	6	7	8	9	10	11	12	13	14	15
	指標項目		労働時間の短さ	男性の短時間就業者割合の高さ	転職の容易さ	保育利用の容易さ	家族サービス給付の高さ	地域活動への参加度	教育費の公的負担の高さ	世帯人員の多さ	家族と過ごす時間重視度	性別役割分担意識の解消度	男性の家事・育児への参加度	ライフコース選択の自由度	人権意識の浸透度	男女の賃金格差の解消度	女性管理職割合の高さ
	指標に用いたデータ	2000年	週当たり実労働時間（男女計）	就業者に占める短時間就業者割合（男性）	失業したとして、納得のいく仕事が簡単に見つかると考える者の割合	保育サービスの利用割合（0～2歳児）	家族へのサービスに関する社会保障給付費（全体に占める割合）	いずれかのコミュニティ活動の団体・組織に所属している割合	教育への公的支出（対GDP）	一般世帯の平均人員	家族と一緒に過ごす時間を増やしたいと考える者の割合	「男は仕事、女は家庭」に同意する者の割合	男女計の家事・育児時間に占める男性の時間の割合	自分の人生を自由に動かせると思う者の割合	自国で個人の人権が尊重されていると思う者の割合	男性雇用者の賃金を100とした場合の女性雇用者の賃金指数	議員、政府高官、管理職種に占める女性の割合
	単位		時間	%	%	%	%	%	%	人	%	%	%	%	%	男性:100	%
データ	日本	1.36	42.7	4.8	5.0	13.0	3.3	43.0	3.6	2.7	36.8	30.5	12.5	36.8	59.0	58.1	9.2
	オーストラリア	1.75	35.6	14.8	—	15.0	15.6	—	4.8	2.6	—	21.6	39.0	—	—	87.8	32.9
	オーストリア	1.36	35.5	2.6	—	4.0	11.4	66.6	6.3	2.5	—	28.1	27.1	67.6	72.1	68.3	28.2
	ベルギー	1.66	37.1	7.1	—	30.0	8.5	68.3	5.9	2.4	—	24.2	36.7	57.5	61.8	80.7	32.0
	カナダ	1.49	31.6	10.3	31.6	45.0	4.5	75.5	5.2	2.6	61.2	—	43.4	77.2	81.0	82.0	35.4
	デンマーク	1.77	—	9.3	36.4	64.0	12.9	84.4	8.4	2.2	56.2	13.5	37.1	71.0	86.2	84.4	23.0
	フィンランド	1.73	36.3	7.1	—	22.0	12.5	80.0	6.0	2.3	—	11.5	33.4	78.2	88.3	80.6	25.9
	フランス	1.88	39.0	5.5	17.5	29.0	10.0	38.5	5.8	2.4	73.1	17.8	34.3	50.5	59.6	75.8	34.5
	ドイツ	1.38	38.7	4.8	9.8	8.0	7.1	50.8	4.5	2.2	61.5	20.1	35.7	71.2	75.4	73.5	26.9
	ギリシャ	1.27	41.0	3.0	—	—	8.0	56.4	3.8	2.6	—	—	—	64.5	62.0	82.0	25.4
	アイスランド	2.08	40.9	8.8	—	—	11.6	93.1	6.5	—	—	—	—	80.2	84.9	78.4	27.3
	アイルランド	1.90	38.0	7.8	—	38.0	11.9	56.5	4.4	3.0	—	18.0	—	68.7	75.7	75.3	26.5
	イタリア	1.24	39.3	5.7	13.1	6.0	3.8	42.1	4.6	2.6	51.1	—	22.0	49.1	61.6	85.0	18.8

（注）データの出典・定義は、参考Ⅱ：出典／定義一覧参照。データが把握できなかった項目は「—」で示している。

者が男性69・8％、女性で59・1％の高さです。この事実は恋愛に興味のない若者の実情です。但し一方、結婚に対して肯定的に考えている若者は、約80％に達している調査資料もあります。

社会を存続する為には、結婚、出産、育児という人間の基本的知能が存在している事は、言う迄もありません。しかしながら我国の此の本能的秩序が破壊されつつある現状は食い止めるべきでしょう。

人間の本能を消滅させる根本倫理観は、如何なる思想から醸成されたものでしょうか。日本国民の変遷を熟慮しなければ前進は不可です。

欧州各国と我国との、重複しますが社会的環境について調べて見ます。

①仕事と生活の両立の可能性
②子供育ての充実度
③ライフスタイル選択の多様性

〈図表5〉の通りですが、我国に於いて、早急に取り組まねばならない課題は働き方の柔軟性、家庭内役割分担の柔軟性、雇用機会の均等などでしょう。又、地域の子育て環境や子供費用の軽減など子育て支援の充実度を高める施策、制度をこれ迄以上に推進して行く事が必要です。

次に子供を育成する際の意識について考えてみます。

㋑理想の子供を持たない理由
㋺子供を育てるための取り巻く状況
㋩6歳未満の子供を持つ夫婦の家事育児の関連時間（国際比較）
㋥欧州諸国子育てに関しての意識の相違

参考資料として我国の婚姻件数の時系列推移です〈**図表6**〉。

〈図表 6〉婚姻件数の推移（2007年〜2010年）

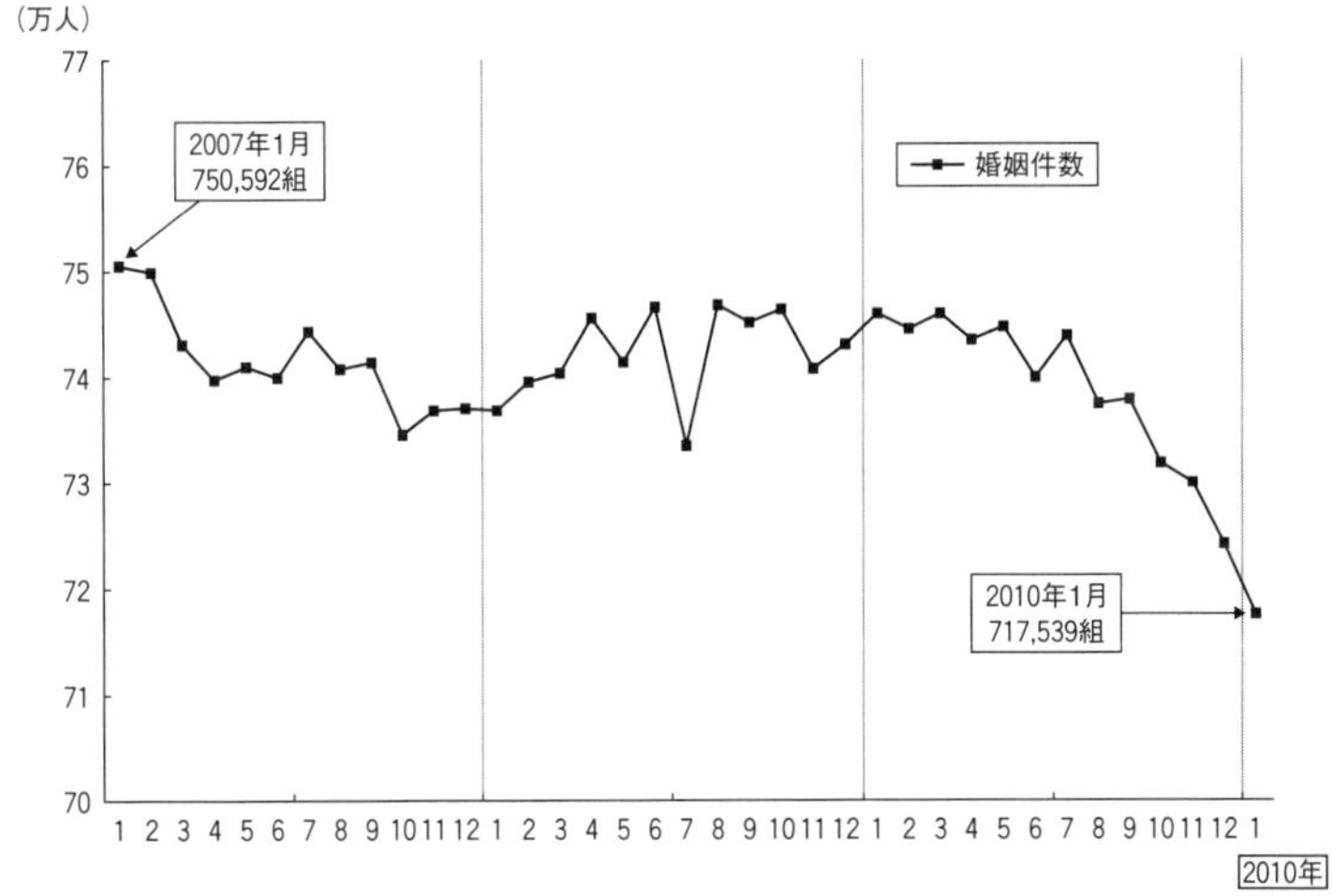

資料：厚生労働省「人口動態統計速報」

③高齢者社会の急進

データに基づき、概要を拝見致します〈**図表7**〉。

㋑我国65歳以上の人口比率と対比（対米、独、英、アジア諸国等）

㋺総人口の年齢別構成比（19歳〜65歳？）

我国の高齢化のスピードは、欧米の先進諸国と比較して群を抜いております。今から20年前の時期では、ほぼ同等の水準でしたものが、其の後急速に、他国と比較して高齢化の割合が上昇しております。それは、少子化との関連でもありますがその実情は驚くべき状況で、年を重ねる度に更に比率は上昇致します。

30年後の数値が飛び抜けておりますが、50年後の状況は想像を絶する事が予想されます。

詳しくは省略しますが、将来20〜30年後の社会保障制度は完全に崩壊すると予測し

〈図表 7〉 世界の高齢化の推移

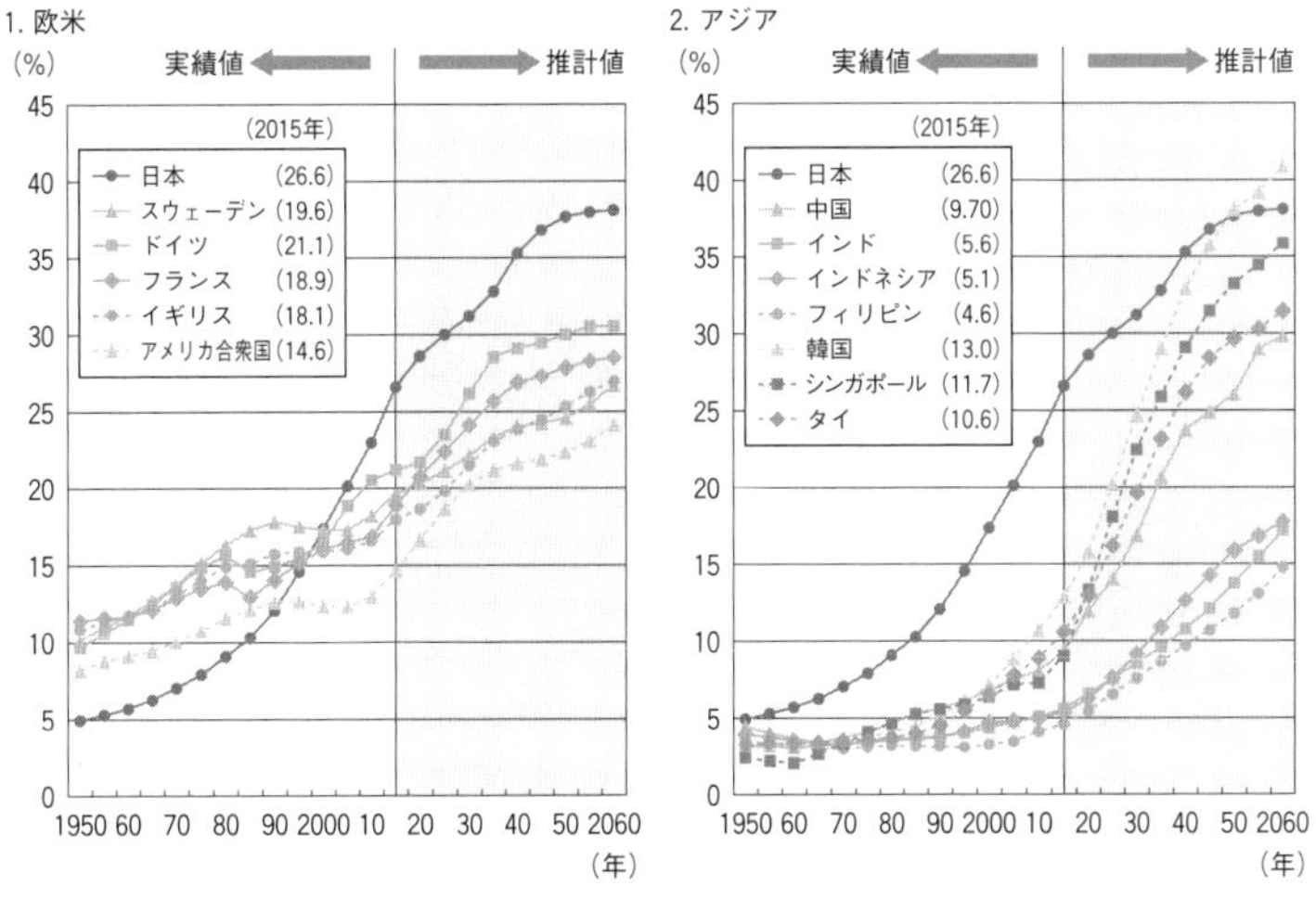

出典：UN,World Population Prospects:The 2017 Revision

ております。なかんずく年金制度、医療制度は、拠出者（現役）と受給者（高齢者）との著しいアンバランスに依り、見直しは極めて難解でしょう。

その当時を予想しますのに、現役の成人が1人で1人の高齢者を養う割合になり、場合に依っては高齢者夫婦を養う事が予想されます。正に家庭崩壊です。

後述致しますが、欧州の国家では高齢者同士幸福な生活を享受している映像が見受けられますが我国の場合は想像さえ不可能でしょう。

④国家及び地方の厖大な借金地獄の実情

国民の大半は我国の借金実情を理解しておらず、何の危機感も抱いていないでしょう。国民一般の会合に於いて話題になることはないでしょう。

現時点で国家、地方合わせての借金総額は2021年で国家1241兆円地方193兆円で合わせて1500兆円に迫っております。この借金総額がどの位現損で、国家の財政及び経済社会全般にどの様な影響を与えているのかと云う日本の存続に係わる重大な問題であります。

しかしながら一般的に国民の大部分は、その具体的内容を殆ど知らないし知ろうともしません。その原因は当件に係わる政府関係者、官僚、又、世にいう経済に係わる学者、又はメディア情報関係者等が、この内容を明確に世の中に開示していないからです。従って一般国民が何ら関心を示さないのは当然です。政府関係者は、この重大事項には余り接触しない様にして無関心を装っております。

私はこの問題が将来日本破局の最大要因の一つになると認識しております。

話を進めますと、図表の通り、国際各国の比較数値（対ＧＤＰ比）で日本は飛び抜けております**〈図表８〉**。

主な先進国と債務残高を比較したものが次の表です。

通常の数値では最近増加傾向にありますが、対ＧＤＰ比１００％以内に抑えるのが各国の目標です。一方我国の数値は飛び抜けており、近い将来３００％が予想されております（ギリシャは経済規模が我国の１／３以下で比較になりません）。

平成元年（１９８９）頃は、その数値が70％であったものが30年間のうちに２５０％という異常値に膨れ上がったのです。

その原因は明白です。明言しますと、約30年間に亘る政府与党の悪政に依るものです。歴代の総理の名前を挙げると橋本、小渕、森、小泉、安倍、福田、麻生の連中で

〈図表８〉 政府債務残高の推移の国際比較

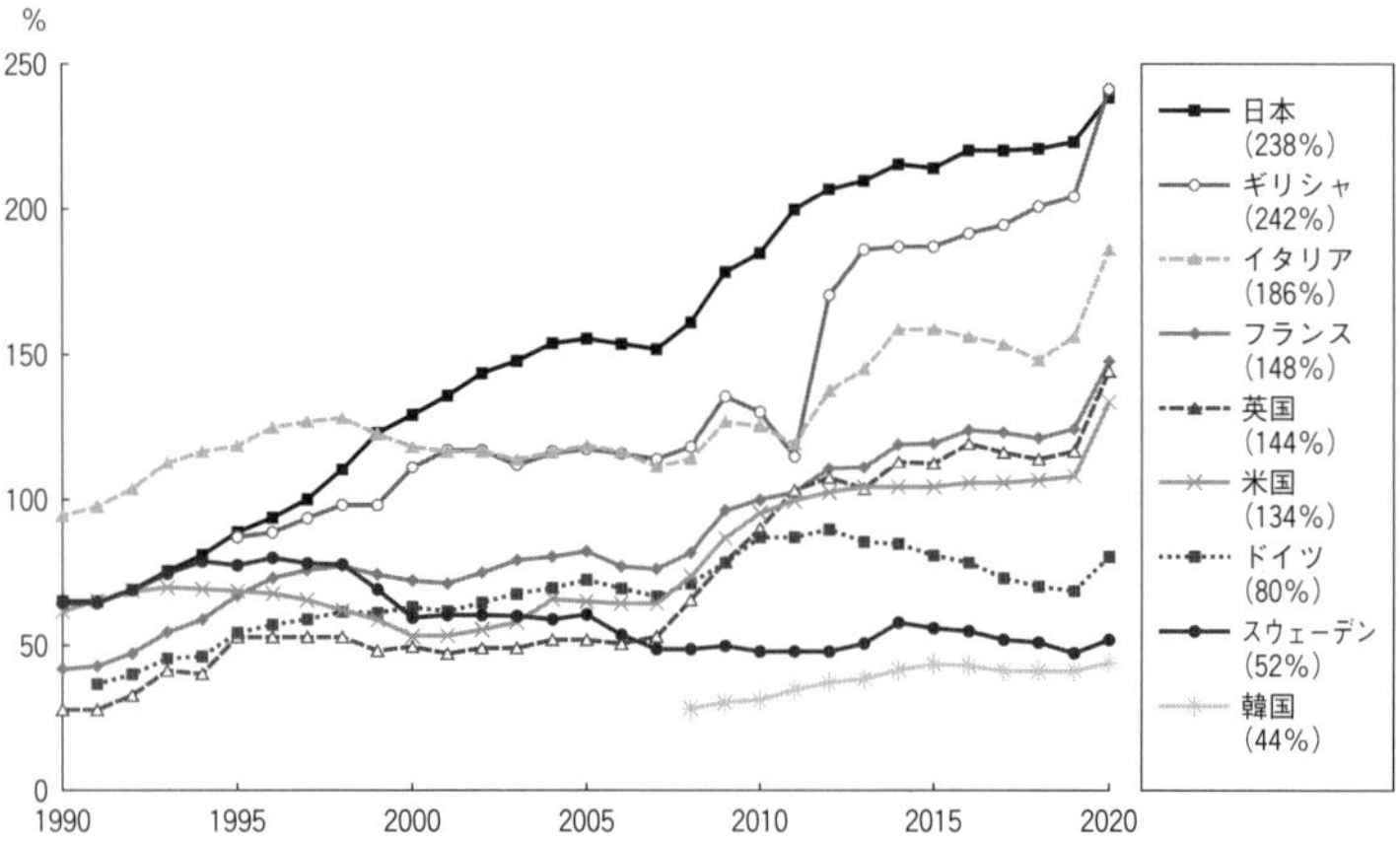

資料：OECD Economic Outlook No.109

す。彼等に反省の言を聞いた事は皆無です。

彼等は何の目的で悪政を続けたかという事です。極めて簡単な一語に尽きます。繰り返しますが、それは選挙対策で約30年間に亘る、ゼネコン中心の公共投資の多額の投資です（特別公債の増加発行）。換言しますと、しかしその間の経済成長率は１％前後です。

何の経済効果もなく、毎年多額の借金を続け、膨大な借金の累積に終りました。具体的数値を申し上げますと、国の税収と一般会計の収支の差額は約30年間で１００兆円になります。その他借り入れの内訳は、短期債券、借入金等で合計約１２００兆円になります。

更に国家の借金地獄を加速させたものは異次元の金融緩和です。

特に、私が解せないのは、約３年以上続いている異次元の金融緩和政策です。日銀の政策委員の連中は、何を目的としているのでしょうか。その金額は厖大で一般会計の２～３倍の額の垂れ流しです。一般会計約１００兆円の倍数ですから２００～３００兆になります。この金額を３年以上続けておりますので、５００～６００兆市場に流入している訳です。

この金額も経済活動に貢献せず日本銀行、大手都市銀行等の金融機関に殆どが滞留し、実質的には国の借金に編入されるものと考えてよいでしょう。

話を変えてこの莫大な借金について金利はどの様な姿になるのでしょうか、資本主義のほぼ正当な長期金利は３％前後です。我国の金利は１％以下がここ数年続いておりますが、例えば１％の場合、借入金額１５００兆として15兆円の金利支払いとなり２％の時には約30兆円になります。現在国の税収が50～60兆ですから税収の約半分が借り入れ金利として消化されます。この場合国の行政機能が相当減少し機能不可の国政となります。

斯様《かよう》な将来の極めて厳しい国家財政に対して政府は如何なる対策を考えているのでしょうか、余りにも無策と言わざるを得ません。政府与党と日銀等金融の責任者の頭脳を疑わざるを得ません。

世界の有能な経済社会学者は、我国財政の健全化を目指すには、消費税を50～60％に引き上げざるを得ないと断言しております。この数字の国家社会全般にわたる影響度は計算不可能です。

現在の我国の悲惨な財政状況の出口は皆無であると考えざるを得ません。次世代に先送りされるだけです。

⑤一般会計及び特別会計の内容解明について

◎一般会計の概観

日本の経済成長率と一般会計収支の推移を概観して、国民はどんな印象を持つでしょうか〈**図表1／2**〉。

何の感触も持たない人々と異常を判断する人々がいるでしょうが、前者の割合は90%前後で後者の割合は10%にも満たないと思われます。経済成長の推移は1995年〜2010年迄の成長率は約2〜3%。2010年〜2020年迄はそれが1%前後です。〈**図表2**〉の一般会計支出推移を見て驚倒する人は一部の優れた経済学者やエコノミストです。

令和3年即ち最近の数値は、コロナ感染の影響もあり、更に増加しております。この推移当時を担当した首相は、橋本、小渕、森、小泉、安倍、福田、麻生等です。近代の首相達がこの推移の異常さに何の異論も差し挟まなかったのでしょうか。

現在の経済状況を検証し、将来の指針に関して理論を全然持たなかった低俗さに驚くべきでその異常さから齎らされた莫大な損失を国家に与え、将来我国破壊の最大の要因となったのです。その累計損失額（一般会計蔵と税収との差額）は年当たり約40兆円として約30年間の累計額１２００兆円となり、前述した国の借金総額１５００兆の大部分になります。破産国家の姿を如実に示しております。

一般会計の各項目の詳細については別途報告致しますが**〈図表9〉**、前述の通り国の借金返済、社会保障費、更に不要な公共投資が大部分です。斯様《かよう》な国家破産を導く政権与党の低能と低俗さに依拠するものですが、根本的にはその政権を支持した国民の責任が最大の要因です。国民は如何に責任を感じているのでしょうか。メディアの責任を追及する前に国民の勉強不足を痛感致します。

◎特別会計とは

次に特別会計に就いて説明致します。

一般会計に対する一般国民の認知度に就いて、前述致しました通り極めて寂しい状況を思いました。しかしながら特別会計は更に厳しい状況にあると思います。恐らく一般国民の１００％近くが、特別会計に関しては何の知識も持っていないでしょう。

私は恐らく政治家の大半も当会計に就いて説明が不可能と思います。話は数年前の報道ですが、元財務大臣の塩谷氏の言に、「一般会計はお茶漬けを食べているのに、特別会計はシャブシャブを楽しく食べている」というものがありました。しかしながら当財務大臣も、当会計には正確に把握していない事が明らかでした。

私事ですが、数年前から財務省や厚生労働省に資料を問い合わせ、特別会計に関しても詳細を度々問い合わせておりましたが、「たらい廻し」をされて困惑したことが多々ありました。ただ特別会計は、一般会計の総額の約1・5~2・0倍の金額です。2021年度では一般会計と特別会計のプラス総額は約250兆円になります〈**図表10**〉。この膨大な国家支出について、財務省等は何十年間も開示を放置していたのです。特別会計の開始は、昭和20年（1945）頃と思います。

これ程多額の総額が不明瞭であることに私は強く抗議したところ、平成25年（2013）頃から漸く特別会計の歳入歳出の明細が開示されたのです。財務省官僚の怠慢さには驚くばかりでした。多数の官僚をかかえている官庁の組織も未だに旧態依然たるものと思われます。

この驚くべき数値は、国民の誰一人として認知していないでしょう。国家の毎年の支出額は100兆円ではなく、その約2倍の250兆円なのです。特別会計の主な項目は、国債整理基金、社会保障関係費（主に年金基金、医療費関連）です。特別会計の実情と将来20〜30年度の予測数値を国民に解り易く開示する事を熱望致します。

私の拙い予測では、年金制度、医療費関係費共に今後20年〜30年後には間違いなく崩壊すると予測され、次世代の子供達と高齢者の悲惨な姿が浮かび上がります。

以上我国社会の実情を概略説明致しましたが、我国は、既に破産国家であると認識しておりますが、その実態は10年後位から徐々にその馬脚を現し20〜30年後には、悲惨な国家像を予想しております。

新聞等の情報ですが、世界の著名人(シンガポールの元首相、米国大手企業の会長、元経団連会長等)が「日本は将来間違いなく消滅し消え去る」の直言です。私も現在の政権が続く限り正論と思います。将来予想される破産国家を救済する為には、女性の社会進出を大きく前進させ、我国の実情を国民に啓蒙して行く事が、直近の最大の課題です。

訓戒
元ドイツ大統領ワイツゼッカーの言葉。
「過去の検証を怠り目を閉ざす者は、

現在は勿論、将来に対しても完全に盲目である。」

政権与党の議員に進呈致します。

〈図表 9〉 令和 1 年度一般会計歳出・歳入の構成

一般会計歳出

（単位：億円）

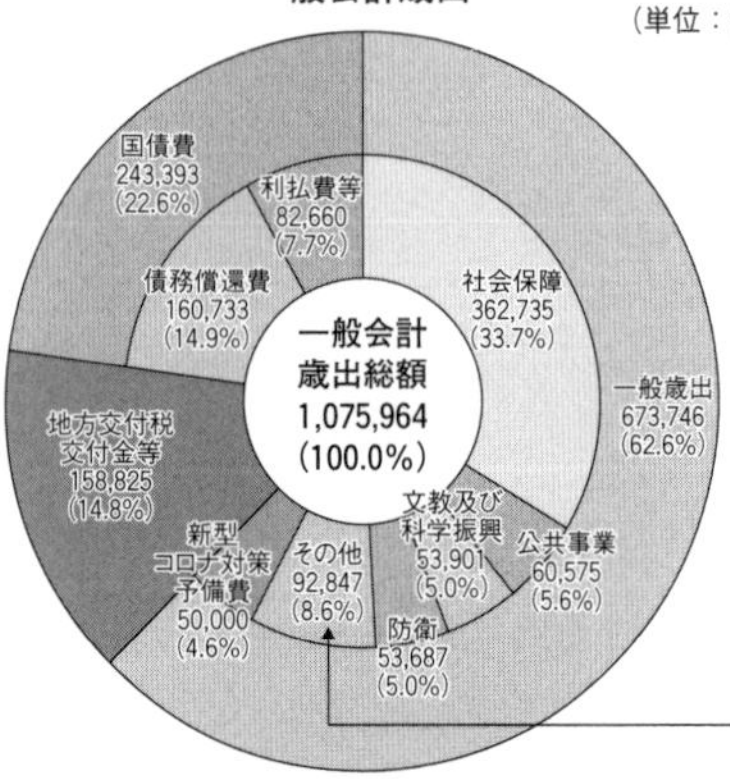

食料安定供給関係費	12,701 (1.2%)
エネルギー対策費	8,756 (0.8%)
経済協力費	5,105 (0.5%)
中小企業対策費	1,713 (0.2%)
恩給関係費	1,221 (0.1%)
その他の事項経費	58,350 (5.4%)
予備費	5,000 (0.5%)

一般会計歳入

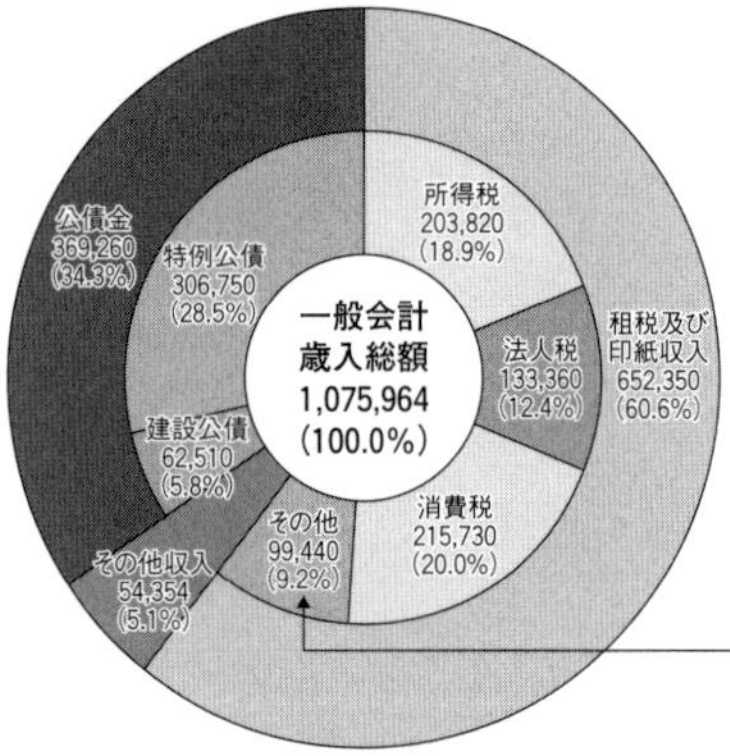

相続税	26,190 (2.4%)
揮発油税	20,790 (1.9%)
酒税	11,280 (1.0%)
たばこ税	9,340 (0.9%)
関税	8,250 (0.8%)
石油石炭税	6,600 (0.6%)
自動車重量税	3,850 (0.4%)
電源開発促進税	3,130 (0.3%)
その他の税収	570 (0.1%)
印紙収入	9,440 (0.9%)

※「一般歳出」とは、歳出総額から国債費及び地方交付税交付金等を除いた経費のこと。
※「基礎的財政収支対象経費」（＝歳出総額のうち国債費の一部を除いた経費のこと。当年度の政策的経費を表す指標）は、837,166（77.8%）

出典：『一般会計ハンドブック 令和1年度版』

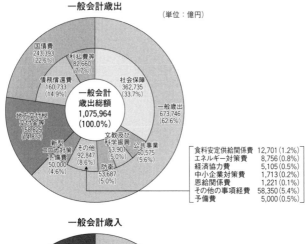

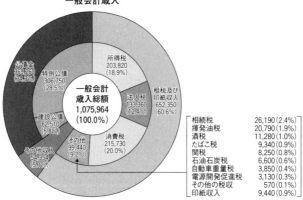

〈図表10〉一般会計プラス特別会計の歳出・歳入のポイント

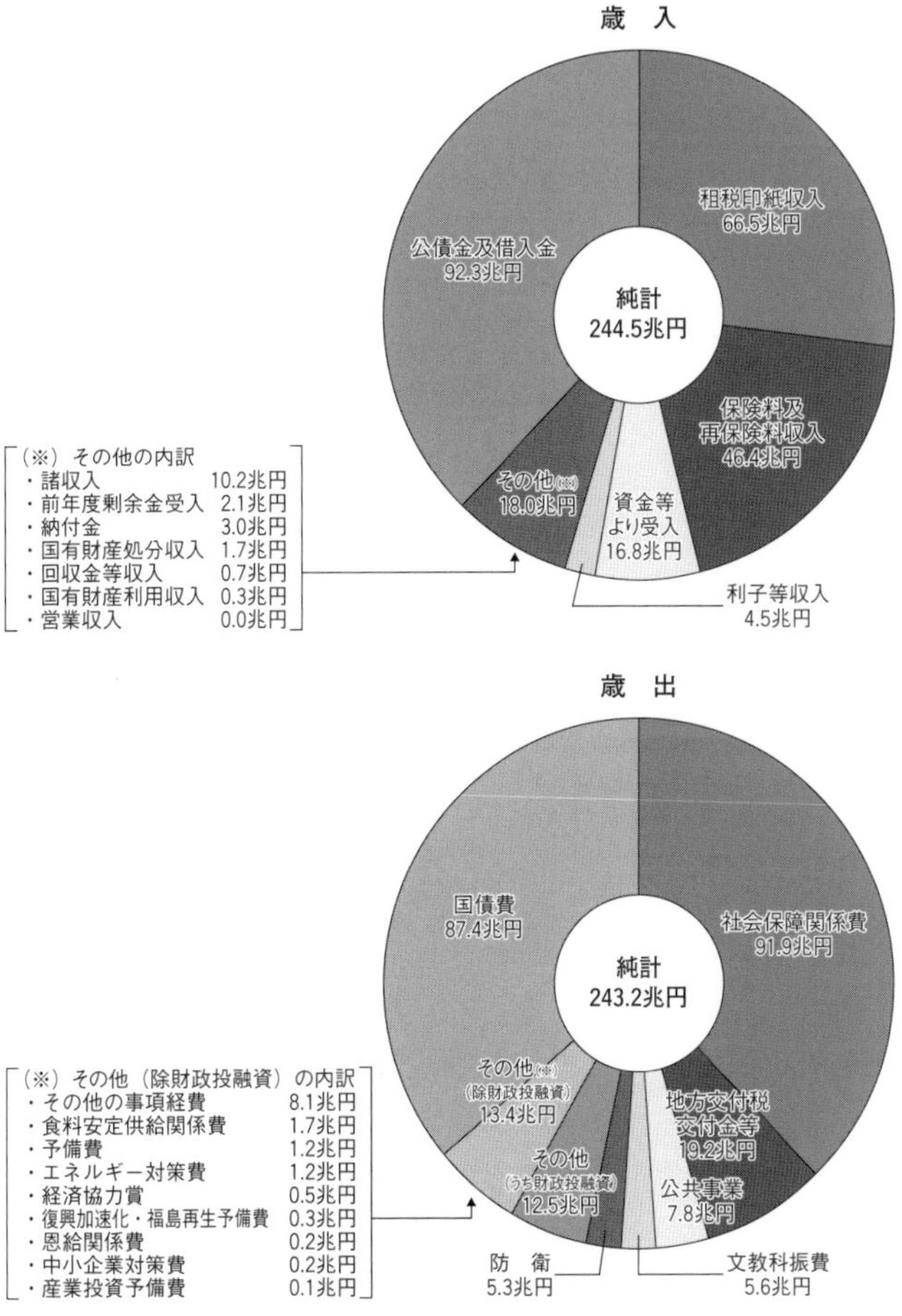

出典：『特別会計ハンドブック 令和１年度版』

第二章　我国女性の社会的地位の実態

認識

学んで思わざれば則ち罔《くら》し、
思うて学ばざれば則ち殆《あやう》し

孔子

①ジェンダーギャップ指数最下位の日本

世界各国に於ける女性の社会的進出の実情を示している指標があります。それは毎年発表されている世界経済フォーラム「ジェンダーギャップ」の指標（ＧＧＩ）です。その内容は、

「経済活動への参画機会」の経済項目
「政治の意志決定への参画」の政治項目
「健康」「保健」の四部門プラス14項目です。

即ち世界１５３カ国対象の国家が総合的に男女の格差を評価したものです。
我国の数値は5年前の１０５位から年々その地位が低下して２０２１年には１２０位になりました。我国の順位が特に低いのは政治項目と経済項目で、政治分野で平均１４４位、経済分野で平均１１５位です〈**図表11**〉。

〈図表11〉ジェンダーギャップ指数（2021）

経済			
項目	日本の順位	日本の得点	アイスランドの得点
経済活動への参画機会	121位（117位）	0.564（0.604）	0.803
労働参加の男女平等	83位（ 68位）	0.750（0.840）	0.875
同種業務の給与における男女平等	76位（ 83位）	0.642（0.651）	0.812
所得の男女平等	100位（101位）	0.566（0.563）	0.731
管理職における男女平等	130位（139位）	0.152（0.173）	0.630
専門職・技術職における男女平等	－	－	1.000

政治			
項目	日本の順位	日本の得点	アイスランドの得点
政治への参画	139位（147位）	0.061（0.061）	0.874
国会議員の女性割合	133位（140位）	0.107（0.110）	0.908
閣僚の女性割合	120位（126位）	0.111（0.111）	0.667
女性国家元首の在位期間	78位（ 76位）	0.000（0.000）	0.966

出典：Global Gender Gap Report 2021

それでは先ず、世界上位の主な国の順位とＧ７各国の年次の推移を見ます〈図表12・13〉。

〈図表12〉GGI数（2021）上位国及び主な国の順位

順位	国名	値	前年値	前年からの順位変動
1	アイスランド	0.892	0.877	−
2	フィンランド	0.861	0.832	1
3	ノルウェー	0.849	0.842	−1
4	ニュージーランド	0.840	0.799	2
5	スウェーデン	0.823	0.820	−1
11	ドイツ	0.796	0.787	−1
16	フランス	0.784	0.781	−1
23	英国	0.775	0.767	−2
24	カナダ	0.772	0.772	−5
30	米国	0.763	0.724	23
63	イタリア	0.721	0.707	13
79	タイ	0.710	0.708	−4
81	ロシア	0.708	0.706	−
87	ベトナム	0.701	0.700	−
101	インドネシア	0.688	0.700	−16
102	韓国	0.687	0.672	6
107	中国	0.682	0.676	−1
119	アンゴラ	0.657	0.660	−1
120	日本	0.656	0.652	1
121	シエラレオネ	0.655	0.668	−10

出典：「Global Gender Gap Report 2021」

〈図表13〉G7各国のGGI比較

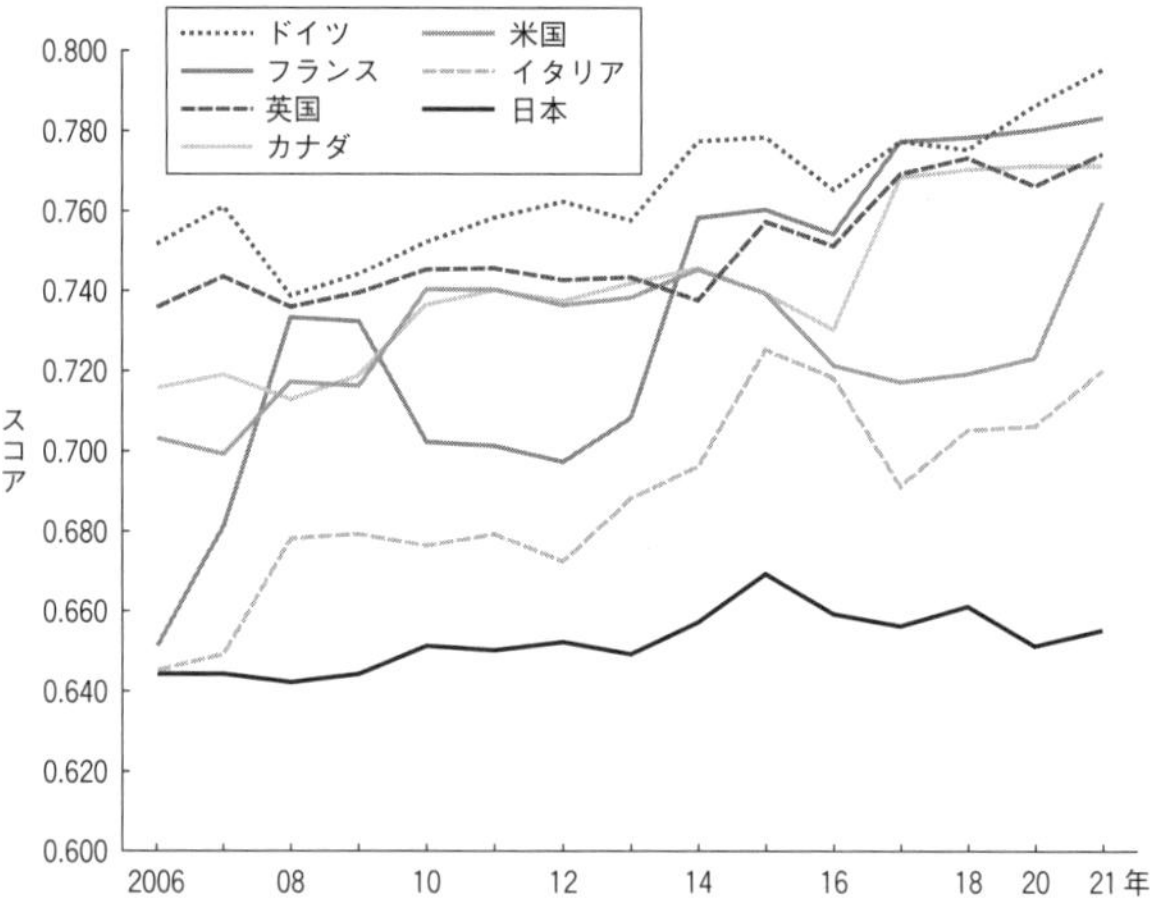

出典：「Global Gender Gap Report 2021」

上位は、欧州の主な国が占め、しかも毎年その順位を維持しております。その原因を明らかにして我国がそれを齎した要素に追随できるものか検討する必要があります。恐らくそれらの諸国は数十年前から民主主義を基に、平和な国家を標榜してきたものと想像します。ジェンダーギャップがそれ程の平和国家の差異を齎してきたものなのでしょうか。又G7各国のGGI上の時系列推移を見ますと約15年～20年前から我国との差が歴然としております。

これ等の諸指標を見るにつけ、我国男女間の冷遇の差異が明らかです。先進国として、国民の考え方に極めて多くの疑問を抱かずにはおれません。この様な男女の格差は、女性の忍耐と寛容性に負う処が大きかったのかもしれません。しかしながら私が思うには将来20～30年後、我国の破局を招来する遠因なのかと感じております。

次に、世界的に最下位に甘んじている政治と経済の項目別数値について見ていきます。前掲〈**図表11**〉の数値を読者の皆様は各自、御自身で評価されていただきたく存じます。これ等の数値は世界で後進国と競っているものです。我国の後進性は如何なる国民性と連携しているのでしょうか。多くは語りたくありません。

女性国会議員比率とその推移を参考までに掲示します〈**図表14**〉。

〈図表14〉 諸外国の国会議員に占める女性割合の推移

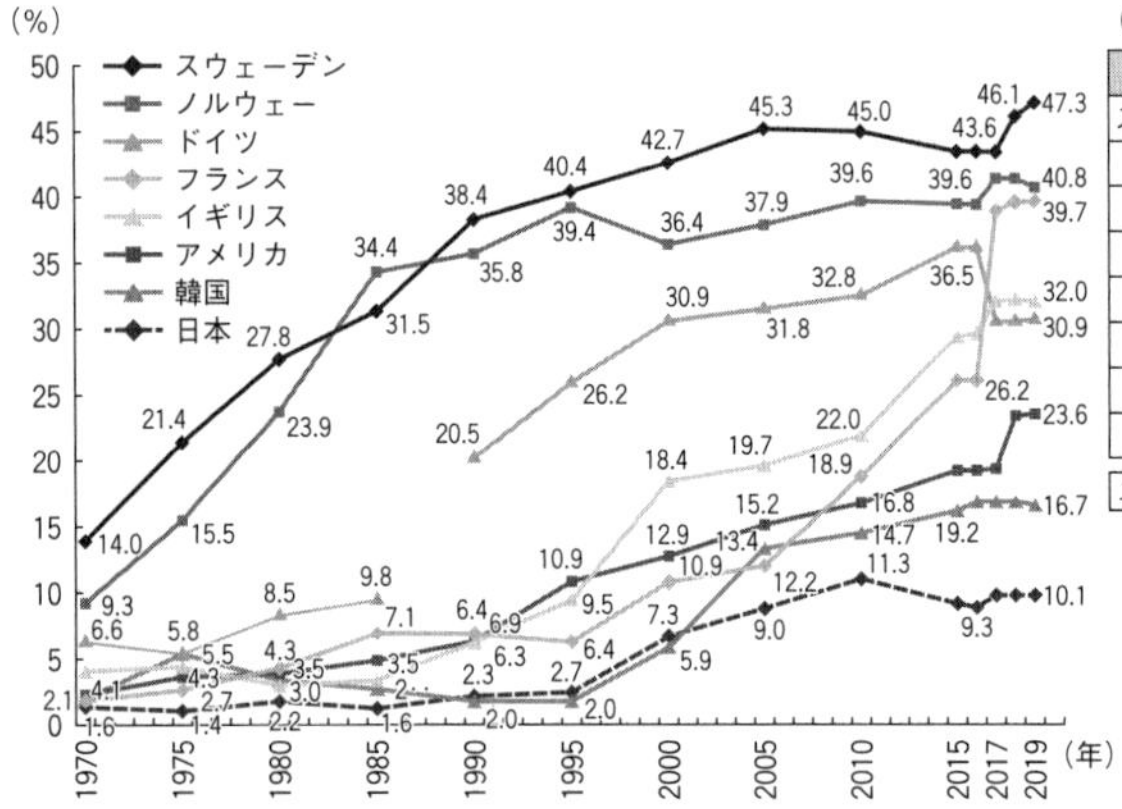

(2019年9月1日現在)

国名	順位	割合
スウェーデン	7	47.3
ノルウェー	16	40.8
フランス	18	39.7
イギリス	39	32.0
ドイツ	46	30.9
アメリカ	78	23.6
韓国	125	16.7
日本	164	10.1

二院制の場合は下院の数字

出典：内閣府資料

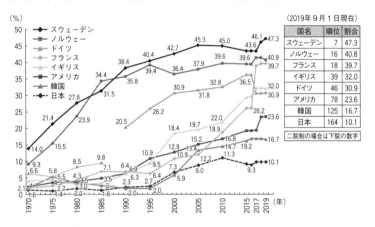

②女性の社会進出が日本再生のカギ

次に女性の社会進出が進むと、日本が立ち直るかもしれない希望的理由について話を進めましょう。

㋑欧州連合（ＥＵ）は上場企業に対し役員に占める女性の割合を２０２０年迄に最低40％に引き上げることを義務付ける法案を提出した。更に達成できなかった企業に対する罰則の必要性を法案に盛り込みました。

㋺日本では上場企業の女性役員は１％以下です。

政府の目標「社会のあらゆる部門に於いて２０２０年迄に指導的地位に占める割合を少なくとも30％程度にする」。しかし、参加する企業は殆どない。

男女の生活時間は、男性は仕事などの「有償時間」が大半なのに女性は家事、育児など「無償労働」の時間が50％以上である。

㋩結婚、出産で退職し、育児の手が離れると結果的にパート等の非正規の働き方となり、所得が低く抑えられる。この様にして、２０２１年の女性の社会進出度の指数で世界約１５０カ国の中１２０位前後になっております。

ところで、ＥＵは女性の社会進出の為に、ここ迄諸政策を採用するのかとの質問に対し答えは「女性の社会進出が企業の業績にプラスになっている」との基本的発想からです。


㊁専門知識を持ち、社会に出てキャリアを積んでいる有能な人材が埋もれている。

㊉家庭内に関する商品や女性消費をターゲットにした商品を企業では女性の目線、女性のアイディアが不可欠である。

㊃女性の社会進出は労働市場の流動性を上げていく。

㊦日本の経済を支えてきた団塊世代の引退を補う力を持っているのが、日本の女性達である。

㊠女性の多様性思考能力は男性を遥かに超え、社会全般の活性化につながる。

㊷今迄の男性優位の社会を転換させる女性優位の社会を創造するのが我国の将来の発展に必須です。

③男女の所得格差について

先ず、男女間の賃金格差の国際比較を見ましょう〈**図表15**〉。

欧州の代表的なデンマーク等と日本の格差は20％以上もあります。

男女の賃金格差の是正はジェンダー平等を進める上でその土台です。ところが正社員の基本給の男女差は、勤続年数ゼロでも既に４・３万円になっております。年々この格差は拡大しています〈**図表16**〉。

しかもその差額は年次が進むに伴い、益々拡大し、30年経過した現在では10万円近い差額となっております。この状況について、我国の労働基準では男女賃金差別を禁じております。しかしながら司法上絶対的制約にはなっておりませんので具体的事例に関しては問題が先送りになっております。

政権与党の首相も国際女性デーに於いては賃金格差の是正に向けた企業の開示について前向きな発言をしておりますが、一方女性活躍推進法は大企業に該当なし。

管理職の女性の割合、男女の平均勤続年数、育児休暇取得率等義務付けているが、

〈図表15〉男女間賃金格差の国際比較（男性＝100とした時の女性の水準）

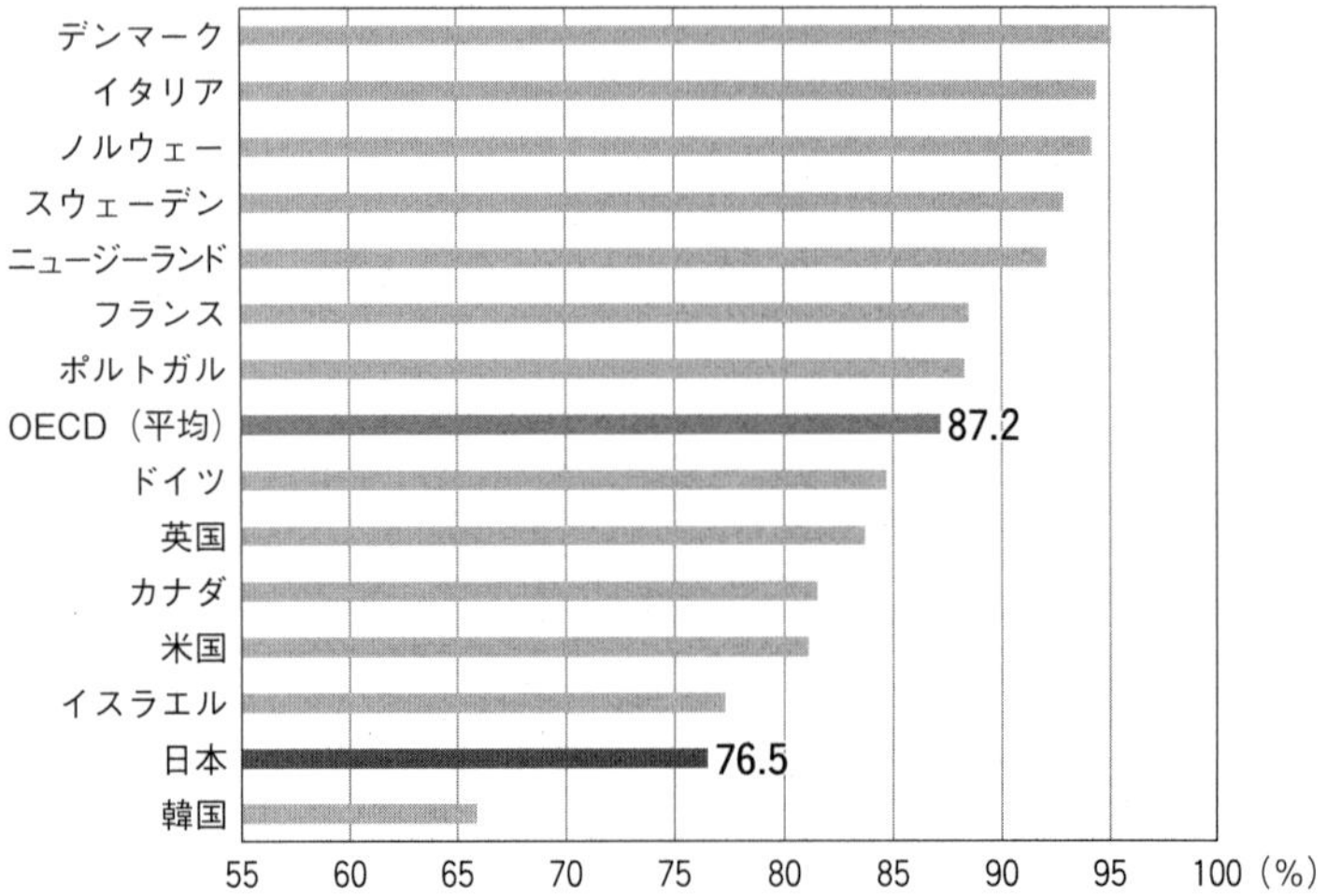

※OECDデータから内閣官房がまとめた資料をもとに作成。正規・非正規雇用のフルタイム労働者が対象。日本、米国、カナダ、英国は2020年、ドイツ、イタリアは2019年、フランスは2018年の値。

〈図表16〉勤務年数ごとの正規労働者の所定内賃金の男女格差

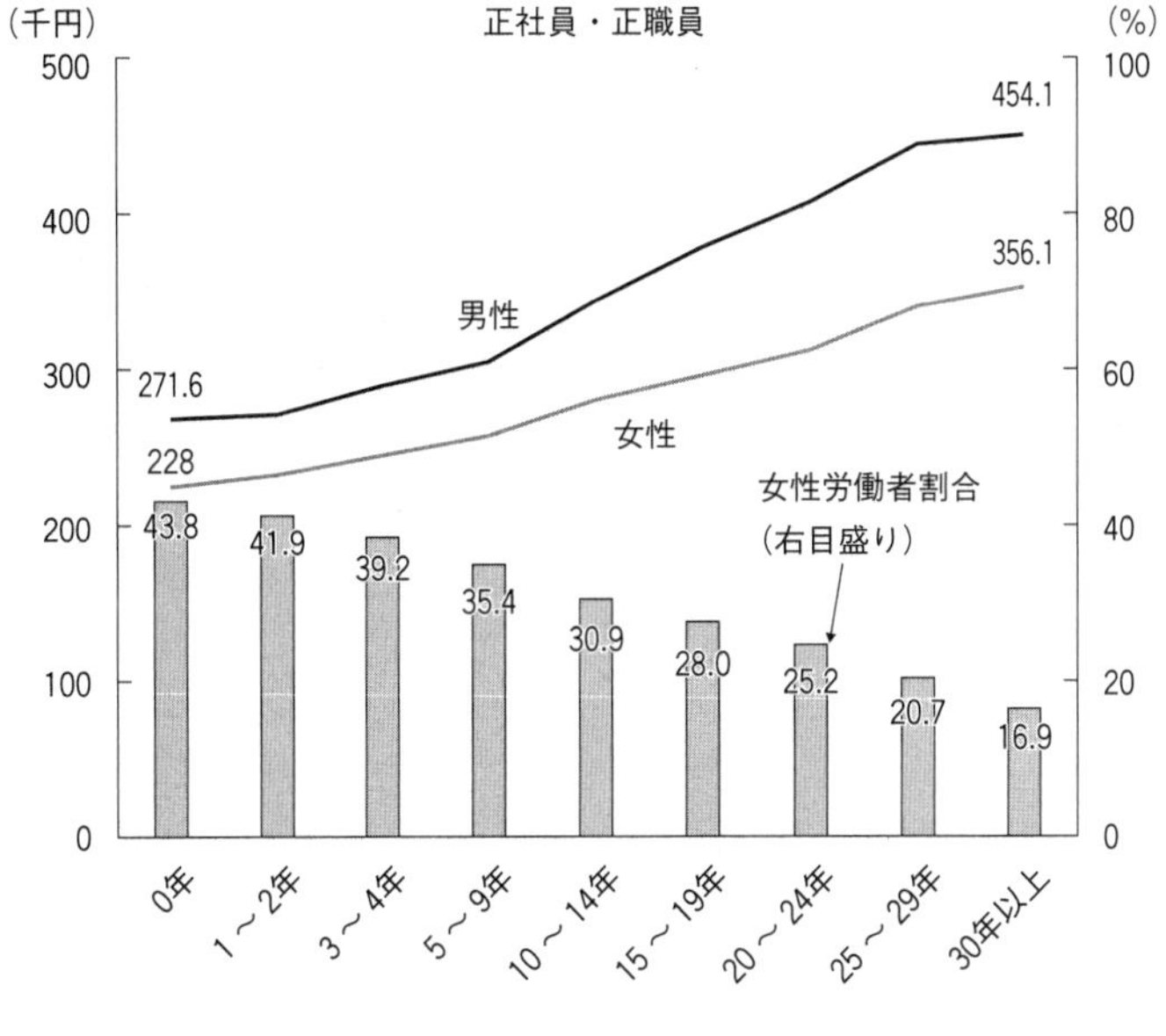

※OECDデータから内閣官房がまとめた資料をもとに作成。

更に賃金状況の開示も追加の意向である。欧州のアイスランドの女性首相が男女同一労働同一賃金の法律を制定した情報もあります。

先般金融庁が企業に有価証券報告書の中で男女別賃金の開示を義務付ける方針を明らかにしました。

男女の賃金格差は益々拡大し、男性大卒・高卒と、女性非正規社員等、その賃金格差を官庁の資料を公表しております〈**図表17**〉。

国際的に見て、我国の男女間の賃金格差は先進国中最低の水準にあります。その内容を解析致しますと、それには我国の構造的問題と絶対的要因があります。構造的要因は非正規社員の増加です。

図表の通り、非正規社会の増加は男女共に増加傾向が続いておりますが、女性の場合は、ここ30年の間に20%近く増加し、半分以上の女性が非正規社員になっております。この傾向は今後も経済環境の状況次第で厳しいものと思われます。男性の比率に比べ、女性のそれが倍位以上になっている事は当然男女の賃金格差に直接的影響を与えます。

次に絶対的要因は、図表の通り正規社員、非正規社員に拘らず、単位当たり、即ち時間当たりの賃金単価に格差があり、総計としては、相当な男女の格差を生じている

〈図表17〉男性大卒・高卒と女性非正規社員との賃金比較 2019年

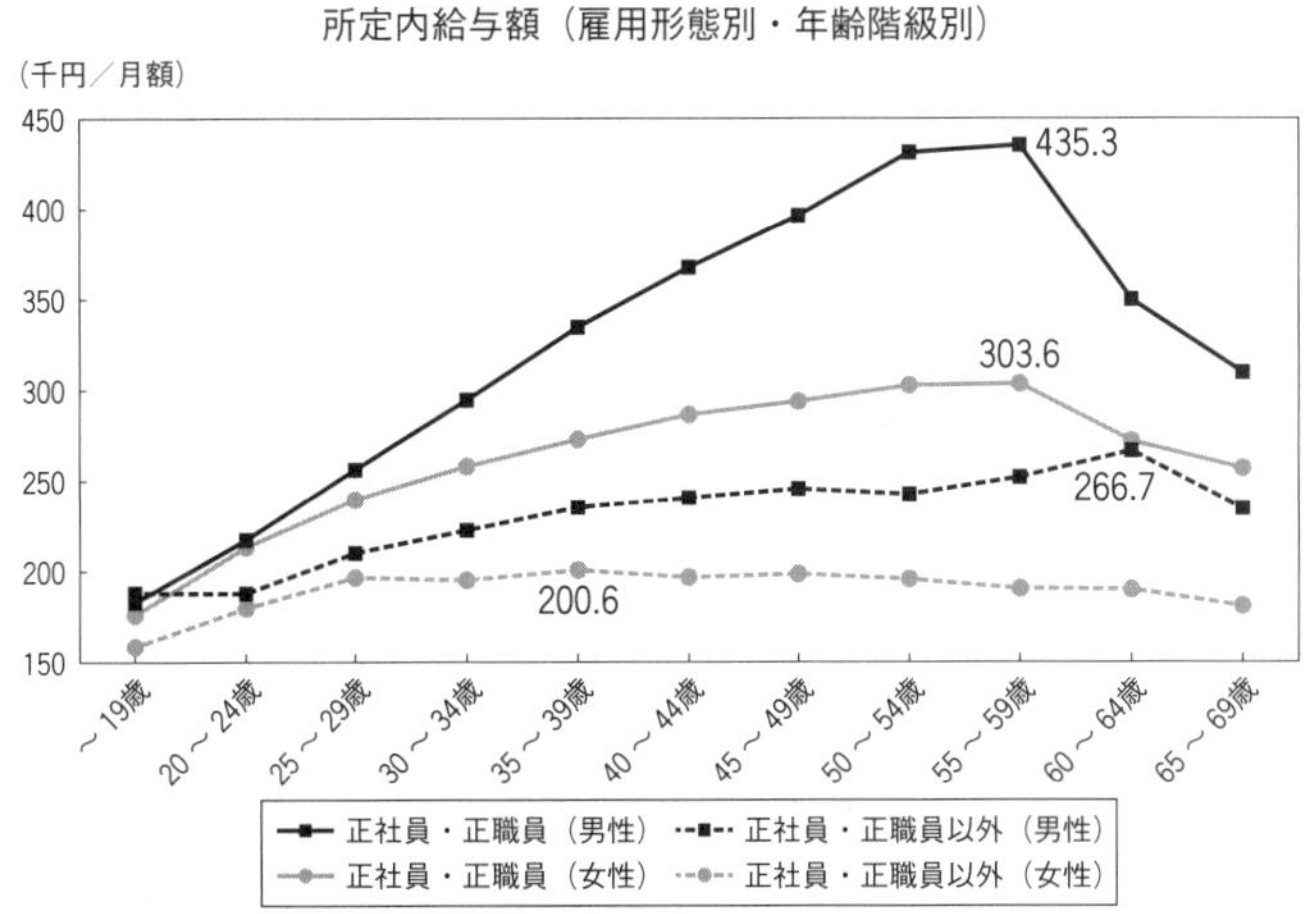

出典：厚生労働省「令和元年 賃金構造基本統計調査」

筈です。構造的要因と絶対的要因の相乗効果で男女の賃金格差に大きな影響を与えております。

2022（令和4）年3月8日、「国際女性デー」であるこの日、神奈川新聞は「社説」で、「女性の地位向上に向けた取り組みは、わが国は先進国として突出して遅れ、最低の水準が続く。」「まずは、女性の社会的地位を巡る日本の惨状を、社会を構成する一人一人が、しっかりと認識することから始めるしかあるまい。」「改善を止める声の方がまだ大きいことが、わが国の現状を生んでいる。」などとこの問題を取り上げている。

ちなみに「国際女性デー」は、1904年の3月8日に、アメリカのニューヨークで、婦人参政権を求める女性労働者達がデモを行ったことを記念して定められたものです。

以上、我国のジェンダーギャップの経済分野に於いて、先進国として恥ずかしい状況について説明しましたが、僅かに萌芽《ほうが》を思わせる状況がありますので取り上げてみます。

それは、女性の大学進学率が5割超に達し、大学全入時代が予想されることです。そして、医学部の合格率が初めて男子のそれを上廻ったのです。この状況は、男女に殆ど差異のない結果と教育高度面に於いて、女子の優位性が明らかに認知されたのです〈**図表18**〉。

〈図表18〉 医学部医学科の男女別の合格率

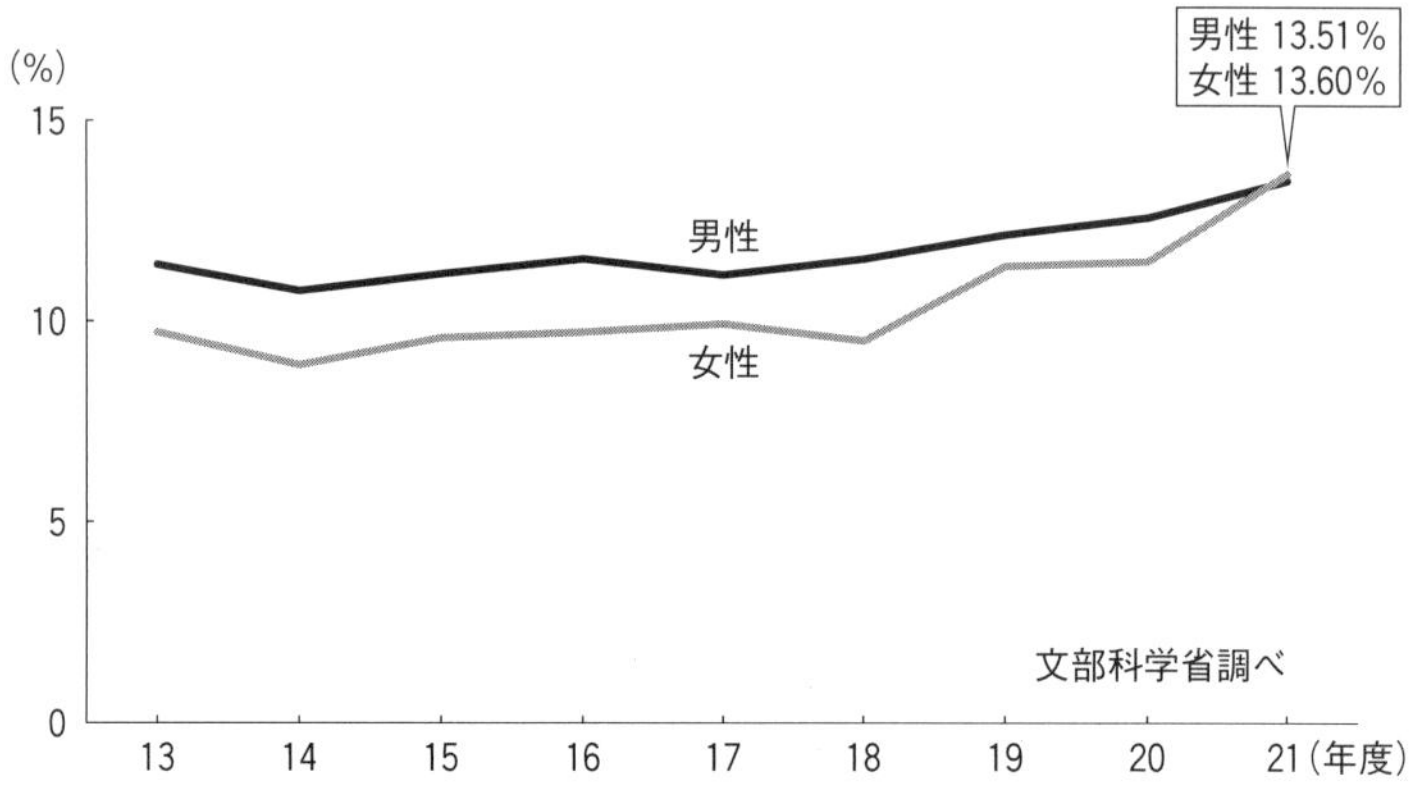

出典：厚生労働省「令和元年 賃金構造基本統計調査」

第三章　政治は女性に〈最適の職場です〉

集合知

知識は伝えることができるが
智恵は伝えることができない

ヘルマン・ヘッセ

①政治家としての資質

最初に、先達の巨匠マックス・ウェーバーの政治家としての真の資質を説いた著作『職業としての政治』を要約致します。一つに政治は責任倫理の世界であり、粘り強く、諦めない人間にとっての天職である。そして、その条件として4点を挙げております。

第一、情熱→事柄（解くべき問題）に情熱を以って取り組むこと
第二、責任感→情熱に責任が伴うこと
第三、判断力→虚栄心を克服し、「事柄」に客観的に取り組む為の冷静な判断力
第四、政治家は徳義のある人格者であること

以上を伴って初めて政治家を作り出す権力は一切の政治不可避的手段であり、権力がそういうものであるからこそ、権力を笠に着た成り上がり者の大言壮語や、権力に溺れたナルシズム、要するに純粋な権力崇拝、政治を堕落させ、歪めるものはないの

です。

自分が世間に対して捧げようとするものに比べて現実の世の中が自分の立場からみて、どんなに愚かであり卑俗であっても断じて挫けない人間、どんな事態に直面しても「それにも拘わらず」と言い切る自信のある人間、そういう人間だけが政治への「天職」を持つ、簡単に彼の真意を述べました。

②女性の社会進出成果に依るメリット

次に、女性の方々の意向について述べてみます。

①優秀な人材が社会全般に得られる。

・多くの女性集団で採用候補者を増やすことが企業の成長につながる。

②職場に多様性が生まれる。

・これ迄の男性中心の職場に比べて女性を大勢採用することで女性目線の商品開発が可能となる。

・男女共同で商品開発すると男女共に使える商品も作成されるかもしれず、又、従来の商品、社内制度を育児、家事の観点から再評価し、対外的アッピールも可能となる。

・出産育児介護をしながらフレックス制度、短時間労働の新しい制度も必要となる。欧州各国では事例が多い。

③社会全般からの評価が変化する。
・性別に片寄らない社員を大切にする企業として社会全般に認知されると、企業全般の信頼性が高まりＥＳＧ投資でも選定に有利となる。
④女性中心の公的私的会合が増え、女性の多様性ある特徴が社会に広まって行く。
⑤男性中心の公的私的会合等に女性が参加することが増え男性の独断的思考に変化が生じ、社会全般に有益となる。
・ウクライナ戦争を契機に戦事力の強化の風潮が蔓延しつつある状況から、女性の志向が組み込まれ、戦争に対する多様的考え方が生じてくる。
・我国社会構造の抜本的見直しの契機となる。
⑥女性の議員の増加で議会と住民との接点が多くなり、民主主義の基礎である議会の活性化につながる。
⑦議員活動の女性の強みは時間の融通が利き易く、育児等日常の疑問や関心がそのまま仕事となる。
⑧ＥＣ圏の女性社会進出は目覚ましいが、それは企業の業績にプラスという考え方である。
⑨議員（国、県、市町村）及び企業の管理者の女性の占める割合が増加することに

より、女性の意見が尊重されて、今迄の男性の意のままに議論が進むことが少なくなる。
⑩地方自治体や中小企業は、むしろ共同的社会であり、女性が最も活躍すべき場所と環境である。
⑪女性参加者が増えれば経済が活性化し、経済成長に資することが証明されている。
⑫女性の社会進出が進むと、男性社会の低俗性が批判を受け清潔な社会の醸成が進む。男性中心の社会悪弊の汚職・賄賂・談合が皆無となる。
⑬女性の社会的思考及び行動範囲が拡大していくと犯罪等の行為が少なくなる。益々清潔な社会となっていく。

③「政治は女性に最適の職場である」との直言

①暮らしの目線で現状の政治を引き寄せ、適切な判断をする。
②理不尽な事柄に対して黙っていられない、何とか変えようと諦めずに努力する。
③日々の家事、育児、介護、働き方など実体験を生かした発言や改善を提案する。

④命を守ることに真剣に取り組み、困っていることに親身になって相談する。
⑤名誉や地位に拘わらずあらゆる差別をなくしたいと考える。
⑥経済を優先しない、国民の生活を最優先する。
⑦約半世紀に亘る男性主導の偏向政治を改める。
⑧政治は徳のある人物が管理するもので、女性集団の政治への参加が欠かせない。
⑨国家の礎である家庭生活の安寧は、女性の働き方が基本である。
⑩半世紀に亘る、拡大資本主義は終焉し、構造的に非成長経済社会の到来となる。世界各国及びグローバル社会に於いて、女性の役割が社会再生の鍵を握ることになる。
⑪今後の社会に於いて、女性の多面的多様性に富む行動力が必須となる。
⑫次世代、次々世代を担う子供の教育は女性の経験に依存することが必要である。

◎世界各国の女性大統領、首相の実情

次に世界に於て女性がトップ（大統領、首相など）を占めている状況について説明致しましょう。

現在、世界で21カ国が女性トップを占めており、その中約10カ国を抜粋したのが〈図

表19〉です。先進国に限らず、全世界中での出来事です。しかもそれらの各国では一時期のみ女性がそれらの地位に就くのではなく、女性のトップ同士が引き継ぐ形で交代しているケースが大部分です。

それらの各国では、経済成長の度合いが安定成長を遂げているケースが殆どです。女性の政治社会の分野での進出が著しい国は経済も活性化するという直言はその通りです。

我国の斯様な後進性は現在の経済社会の停滞を齎《もたら》しており、将来益々深化していくでしょう。

◎最近国会議員に当選した方々の言を列挙してみます。

- 議員活動をする中で男性社会の柵に縛られない親しみやすい感じを受けた。
- 男性議員に覚えてもらい易く目立ってかえって良い。
- 女性であることが、選挙では、大きなプラスになった。
- 男性が殆ど大部分を占める中にあって女性であることの「強み」を前向きに捉える意識が浮上しました。
- 男性の能力は限定的で女性の方が多様性に優れていることを認識しました。

〈図表19〉世界各国の女性元首の一覧表（21カ国中10位抜粋）

国名	名前	職名	時期	ジェンダー順位 (位)	経済成長率 (%)
オーストリア	ドリスジュン	国民評議会	退職 (2017.1)	21	4.48
スイス	カリン・ケラー	連邦参事会	現職	10	3.72
ハンガリー	ノヴァーク・ カタリン	大統領	現職	99	7.12
アイスランド	ヤコブスドシティ	首相	現職	1	4.35
カナダ	メアリー・サイモン	総督	現職	24	4.56
ニュージーランド	シンデイ・キロ	総督	現職	4	5.63
インドネシア	メガワティ	大統領	退職 (2004.10)	101	3.69
ブラジル	ジルヤ・ルカフ	大統領	退職 (2016.8)	93	4.62
日本	岸田文雄	首相	現職	120	1.62
シンガポール	ハリマ・ヤコフ	大統領	現職	54	7.61

出典：Wikipedia

④国及び地方の議員に女性の割合を増やす必要性

この表は、先進諸国の国会における女性議員割合の推移を表したものです〈**図表20**〉。30年前（１９９０年）はスウェーデン、ノルウェーも、せいぜい10％前後であったものが、10年前（２０１０年）には、各々40％台に急増しております。

一方我国は、30年前からの数値が低迷したままの悲惨な状況です。

斯様な欧州各国の数値が50％近くになっていることは、各々男女平等の社会が確立されている事を意味しております。男女平等の意識が世の中に行き渡っている為に生活満足度、幸福満足度が世界でトップの状況にあります。

〈図表20〉主要国の国会における女性議員の割合の推移（%）

	30年前	20年前	10年前
日本	2.3	2.3	—
ドイツ	—	20.5	33.4
ノルウェー	9.3	36.0	40.0
スウェーデン	14.0	38.0	45.0

我国の場合、男女議員数の男女割合では、衆議院で男性の割合が92％、地方議員では男性98％で、全てに於いて男性が独占している状況です。この異常な状況で国及び地方の行政等が正常に運営されているのはあり得ないのです。
直近の参議院選挙では当選者の女性の割合が若干増加し28％になりましたが、政権与党の割合は20％で野党は29％です。

Ⓠでは女性政治家が少ない理由を考えてみます。

㋑地方で生活する場合、プライバシーが確立されておらず、家事、育児との両立が難しい
㋺選挙活動の補助が少なく、夫の選挙活動の手伝いが、職務上困難の場合が多い
㋩供託金は、衆議院の選挙区で３００万円、県会議員は60万円と多額である
㋥当選率の男女差が大きい
２０２１年衆議院での当選率は男性49％に対し、女性は24％で「政治は男性のもの」という古い価値感が地方に根強いている
㋭女性がハラスメントを受け易い
女性地方議員の約６割が何らかのハラスメントを受けた経験があるという調査結

果がある

㋬男性中心の政党政治

日本の政治は政党を中心に動いており、政党内には男性中心の権力構造が出来て来たまま女性候補者を擁立し難い雰囲気がある

◎次に女性政治家を増やす為の国家の取り組み状況を見てみます。

２０２１年６月（候補者男女均等法）で女性候補者比率を35％とする政府の第五次男女共同参画基本計画で２０２５年迄に衆参選挙での女性候補者の比率を34％迄引上げる目標を掲げております。

しかし２０２１年の衆議院選挙では、立候補者の割合が約18％で35％には遠く及ばない結果です。又２０２２年の参議院選挙候補者の女性の割合は33％で、立憲民主党が50％近くを達成しました。

候補者男女均等法

候補者男女均等法は、正式名称「政治分野における男女共同参画推進法」です。多様な民意を反映する為、女性議員を増やす目的で２０１８年に施行されました。

国会や地方議会の選挙で候補者の割合を男女なるべく均等にする様に、各政党に促す法律です、この法律は、努力目標で罰則はありません。

候補者の男女均等法が施行されてから、初の国政選挙であった２０１９年参議院選挙では、女性候補者の割合が28％と過去最高になりました。立憲民主党は、男女の候補者の比率をほぼ均等にしましたが自由民主党は15％、公明党は８％に止まりました。

次に、海外先進諸国の状況は如何か列挙します。

先ず男女均等推進の観点の世界各国で取り入れられているクオータ制に就いて状況説明します。クオータ制は、簡単に述べますと、議会や政党内に於ける男女の比率が片寄らない様にする制度です。クオータ制は、単に候補者や議席の割合を定めるのみではなく、国に依っては色々な方法があります。

㋑ジェンダーギャップ「政治分野」一位のアイスランドの例

当国は、２０１０年に当制度を導入し、企業役員、公共の委員会で男女とも40％以下不可の定めです、その結果閣僚11名中５名が女性です。

㋺フランス「パリテ法」

１９９７年には女性議員の割合が10・９％で、欧州では最低の水準でしたが、パリテ法に依り２０２０年迄に女性議員の割合を４倍にするという法律で政党に男女候補者50％を義務付けしました。

男女の割合で開きが出ると政党助成金を減額する罰金制度です。

その他、欧州各国では種々の制度内容を確立しております。

では、我国では、その対症療法は如何なものでしょうか。

フランスの「日本版パリテ法」を目指し、男女均等法が２０１８年に施行されましたが、罰金等の強制力はなく、効果はなしです。一方、超党派の議員連盟がクオータ制の実現に努めましたが、与党の男性中心の議員の反対に依り実現しておりません。

◎女性政治活動や政治家等に関する意識調査（日本財団）の結果に就いて報告します。

女性の政界進出が進まない理由とは？

㋑「政治は男性のもの」

㋺「政治家を育てる環境の未整備」

㋩「目指すべき女性リーダー像の不在」

以上を指摘する一般女性の声が多い。

• 又女性議員や閣僚が極端に少ない我国の現状に対し、6割以上が「少ない」「増やす必要がある」との意見。

• 一方機会があれば政治家になりたいかの質問に対して、90％の方が「思わない」「あまり思わない」その理由として34％が「政治家という仕事に興味がない」、10％が「そもそも政治に興味がない」。

• 政治活動に参加したいと思うかの質問に対して、65％が「思わない」「あまり思わない」、22％が「思います」。

斯様《かよう》な意識調査を考えると、一般女性の大半が政治活動に興味がなく、男性主導の政治にほぼ満足している事を認識せざるを得ません。しかしながら直近の世界フォーラムの報告に依ると、世界の先進国のみならず、東南アジア諸国を含めて最低の評価です。日本女性の政治社会に対する認識の低さを開示したもので、極めて残念な状況といえます。斯様な女性の政治に対する意向を踏襲し続けると、我国の政治態様は、改良されず後進国以下の地位に甘んじる事となります。女性の方々の政治に対する覚醒を強く期待します。

⑤企業に於ける女性管理職の占有度について

企業に於ける女性管理者の占める割合が先進諸外国に比べて極端に低い事は如何なる要因に基づくものか、又その事が我国の経済社会にとって悪条件ではないのか。管理的職務に従事している者と役員に占める女性の割合を見ます〈**図表21**〉。最も女性の参加が進んでいるノルウェーと比較します。前者は、ノルウェー約35％に対し、我国は約11％、後者役員の割合は、ノルウェー約40％に我国は僅か約２％です。

先進諸国の欧州に比して我国の女性管理者の少ない理由として次の様なことが挙げられます。

①管理職に対するイメージに依るもので、管理職業務は責任が大きく、その上業務が多忙で、肉体的精神的に辛いというイメージです。

②管理職を目指すモチベーションに欠けるという理由には、育児休暇が取りづらく、出産、育児の為一旦退職を選ぶケースが多い。

③社会全般で、旧来的な性別役割分担からの脱却が困難で、依然として家事や育児の負担は、諸外国に比して女性の方が圧倒的に多くその上男女間の賃金格差もあります。

④企業（特に大企業の場合）に於ける管理職の業務（但し開発担当業務は別です）を過大評価している傾向がありますが、平易且つ単純なものと認識して差し支えありません。中小企業の場合は、サバイバル競争が激しく業務内容の厳しさと従業員全員の業務に対する責任感は、大企業の比ではありません。

⑤欧米先進国に於ける女性進出の実態を丁寧に検証すべきです。

〈図表21〉管理職・役員に占める女性比率の国際比較

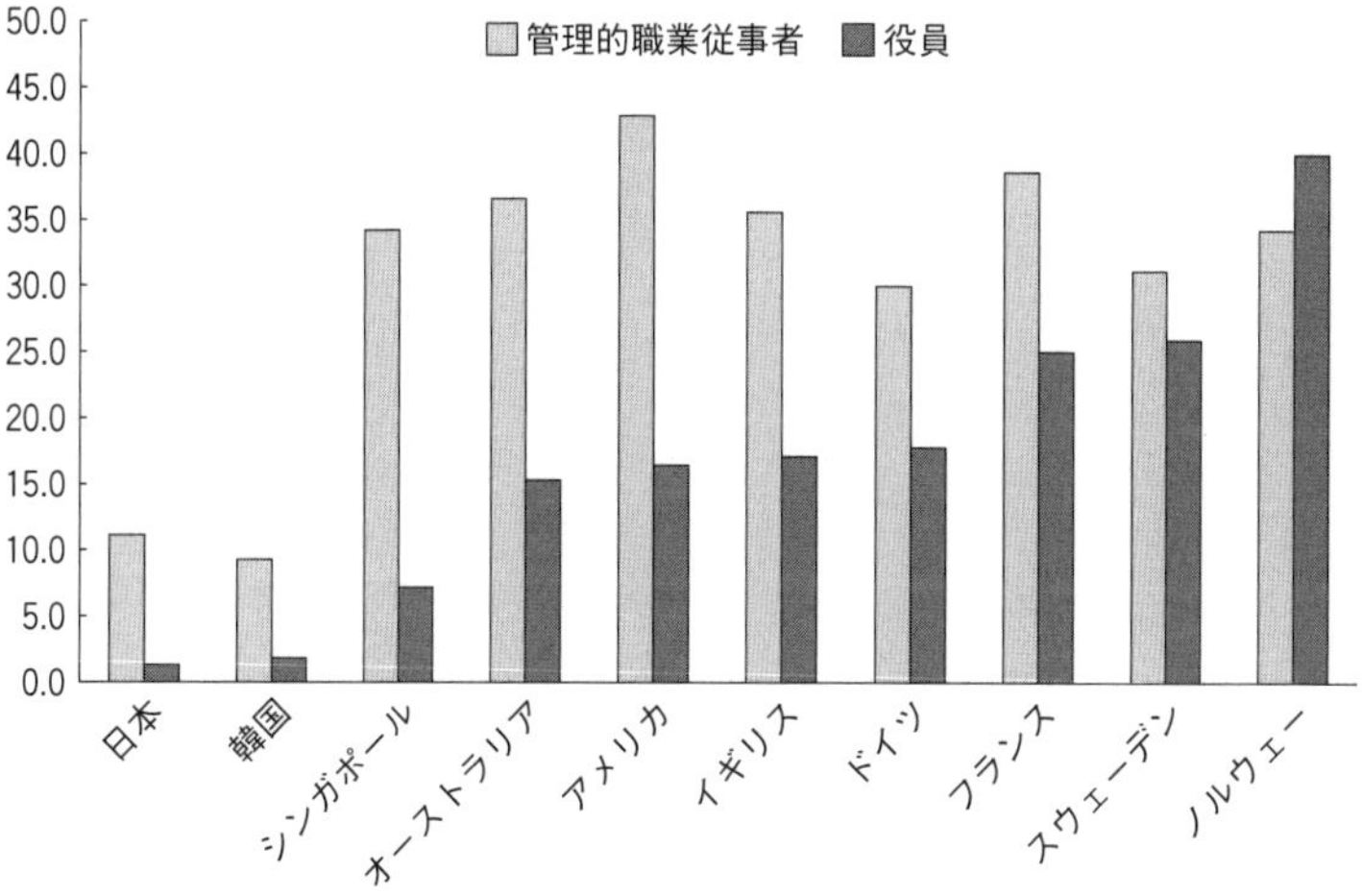

出典：OECD “Closing the Gender Gap”

◎企業の成長に女性管理者が必要な理由

次に、企業の成長に女性管理者が必要な理由です。

㋑女性管理者は企業の成長に深く関わります。

優秀な女性人材の採用につながります。働く意欲の高い女性は職場を選ぶ際に将来の管理職地位についてその可能性を重視します。為に女性役員や女性管理者の割合が高いと、優秀な女性の採用につながります。

㋺企業の活性化につながり、企業業績に貢献します。

女性の管理者が会社で活躍していく為には、労働環境の改善が必要です。産休、育休制度や時短、勤務テレワークの導入も当然必要です。柔軟な働き方が出来れば、女性人材適用のみでなく会社全体の働き易さが、向上することになります。又多様な人材の登用により、ダイバーシティの重要性が見直され新しい価値感や考え方を取り入れ、新しいアイデアの創出や企業価値の向上につながります。

以上女性管理者の増加の必要性と方策につき、申し上げましたが、特段困難な課題ではありません。企業の業務には色々な分野がありますが、特に技術開発部門を除くと、殆どの業務が定型化されております。管理職の係長、課長、部長へと昇格に従い、その業務内容は明らかに容易なものになると考えてよいでしょう。

今迄、我国の企業（特に大企業）の場合、女性業務は、補助的な業務に限られており、管理的業務を担当するという認識は殆ど見受けられませんでした。

しかし近年は、労働市場の変化から女性の採用も補助的な一般職から、判断業務の必要な総合職の採用も取り入れられる事になりました。

女性管理者採用と昇進についての状況は、我国の実態は異常に低い数値になっております。

前述の如く、政治の議員数の女性の割合に比べて、大企業管理者の割合は、驚く程の低数値です。

その原因は明白ですが、女性管理者の昇進については上部の男性主導のグループに依って決められる慣習になっているのです。従いまして、取締役に昇進するのは例外的事象で、殆どの大企業でも女性役員は皆無の状況です。この状況を打破する為には、社長等のトップの決断に委ねられるだけなのです。

次に女性を管理者から遠ざける原因について、女性の方々の意向に関しての調査資料を表示致します〈**図表22・23**〉。

〈図表22〉 男女別管理職を目指したい人の割合

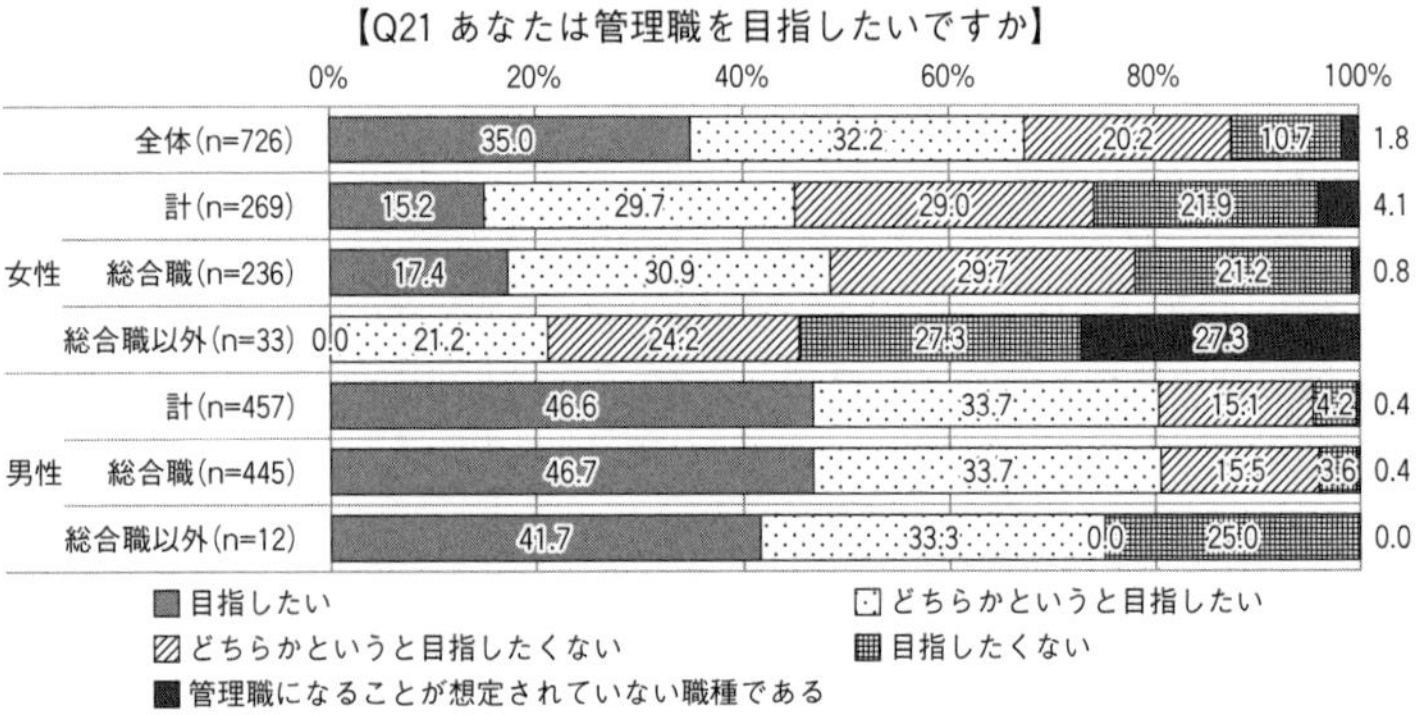

出典：国立女性教育会館「令和元年男女の初期キャリア形成と活動推進に関する調査」

〈図表23〉男女別管理職を目指したくない理由

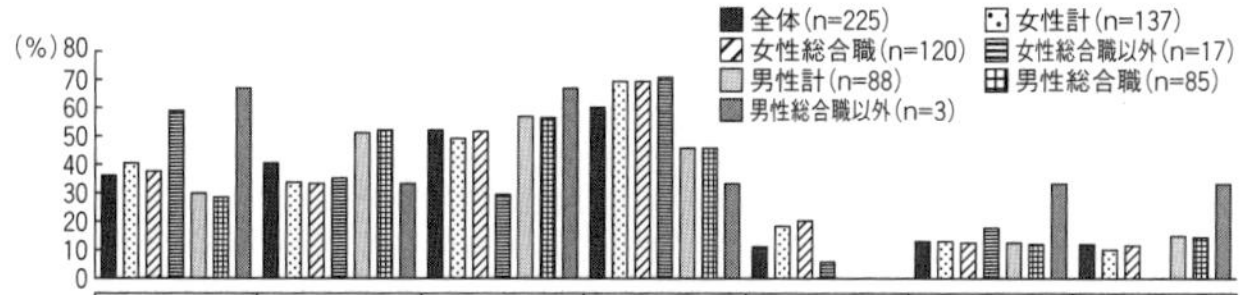

		自分には能力がないから	仕事の量が増えるから	責任が重くなるから	仕事と家庭の両立が困難になるから	周りに同性の管理職がいないから	元々長く務める気がないから	その他
全体(n=225)		36.0	40.4	52.0	60.0	11.1	12.9	12.0
女性	計(n=137)	40.1	33.6	48.9	69.3	18.2	13.1	10.2
	総合職(n=120)	37.5	33.3	51.7	69.2	20.0	12.5	11.7
	総合職以外(n=17)	58.8	35.3	29.4	70.6	5.9	17.6	0.0
男性	計(n=88)	29.5	51.1	56.8	45.5	0.0	12.5	14.8
	総合職(n=85)	28.2	51.8	56.5	45.9	0.0	11.8	14.1
	総合職以外(n=3)	66.7	33.3	66.7	33.3	0.0	33.3	33.3

出典：国立女性教育会館「令和元年男女の初期キャリア形成と活動推進に関する調査」

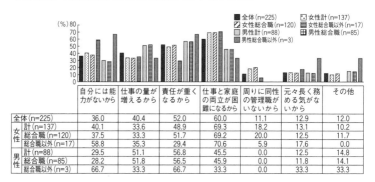

⑥女性に対する率直な意見

スイスのシンクタンク、世界経済フォーラムは２０２２年度の「男女格差報告」を発表しました、日本は10年前の２０１２年の数値から徐々に低下し、今年度は１２０位です。上位は北欧諸国が占めておりますが、東南アジアを含む太平洋地域の19カ国でも最下位です。「国際的にあまり芳しくないという事実は受け止めるが、あくまで指標の一つに過ぎない」という平衡感覚の欠如している政権与党幹部の言ですが、概ね与党の輩は同意志でしょう、しかしながら、10年以上に亘る、我国の世界的評価は聞き流す事は決して出来ないのです。

先進国に限らず開発途上国でも、我国に対してどの様な印象を持っているでしょうか。気になる発言を紹介します。

「我国は日本が世界でＧＤＰが第３位の先進国であり、半世紀に亘って友好関係にあるが、将来は、その関係の是非を検討している」

「我国は、中進国で、更に発展が約束されているが、日本との関係は、現在殆ど皆無であるが、日本と新しく経済関係を進める意味はない」

等々の厳しい海外諸国の我国に対する発言は、数多くありますが、結論として、我国は経済的関係で海外から疎外されつつある現象を、肝に銘じる必要があると云う事実です。前述を繰り返しますが、世界の著名な政界のトップ、経済社会学者等の衝撃的発言「日本は将来間違いなく消滅し消える」を、我国の政治家、企業の経営者は概ね馬耳東風の恐ろしい認識です。

◎女性への率直な提言

そこで、我国の再生について、女性の方々に率直な意見を申したい。

①我国の再生は女性の方々の社会的進出の是非に懸かっております。その指針を逸速く実現する事が、我国現在の最大の課題です。

②某機関の調査で政治活動に興味を持っている女性の可と否の割合が約半数である。

政治社会のトップの政策に最も影響を受けるのは、母親と子供達でしょう。是非否の気持ちの女性群を啓蒙して行く事が必要です。積極的に会合を持ちましょう。

③大企業に多い男性の退職後の粗大ゴミ集団に対し、将来の福祉政策に関する会合の場を規模の大小に拘らず設営し、多様性に富む女性の講演を実施して欲しいものです。

④女性の方々は、子供の育児、教育の終了後、ほぼ50歳台から、自由時間が多くあります。積極的社会活動に興味を持たれると、その重大性に感銘を受けられる事と思います。拱手傍観を改めますと、世界の有様を理解し、建設的意向につながるものと思います。

⑤ほぼ最下位に甘んじている状況を脱却し、先進国の模範を示す国造りに邁進していただきたいものです。

◎大企業の取締役や管理者の意見

次に大企業の取締役や管理者に就任した女性の方々の意見を列挙致します。

- 男女平等に教育を受けているのに企業で女性の登用が極めて少ないのは勿体無い。
- 周囲から女性が働き易い環境を作って欲しいという期待を感じました。
- 男性も介護や育児に携わる時代になり、多様な働き方を認める事で優秀な人材が集まる。

・男性よりも多様性に優れた女性が多い事が理解され、女性の役員が徐々に増えなければ競争に勝てなくなるでしょう。

・漸く女性の能力が認知されてきたが、未だに世界の水準には程遠い水準で益々グローバル化が進展する世界市場に於いて女性の参画増加で我国の経済を活性化していく必要が痛感される。

男女の脳の働きの相違

一番の違いは「脳梁《のうりょう》」の太さ

人間の脳は、「男性脳」とか「女性脳」と言われるように、男性と女性では違いがあります。最も大きな違いは、左右の脳を連結している「脳梁」の太さです。女性の方が太く、左右の脳を幅広く使っています。

臨機応変と集中力

〈女性脳〉＝右脳（感じる領域）と左脳（言葉を司る領域）が頻繁に連携可能で、感じた事が即、言葉になる。目前の事象に対し、過去の記憶を当て嵌め、臨機応変に行動が可能。

〈男性脳〉＝右脳と左脳が頻繁に連携せず、周囲の状況や自分の体調の変化に鈍感で注意している事以外には気が付きにくい。

女性脳は発想重視で男性脳は目的重視

女性は感じた事がすぐに言葉になるため、喋らないと神経系のストレスが溜まります（1日に6千語が目安）。一定量の会話をして、共感や聞いてもらう事に価値を見出します。言葉の反復が大事であり、結論は明確でなくて良いのです。

一方男性は、会話を3次元の空間認識で理解するため、話の結論、そこまでのポイント、現在の位置を明確にしないとストレスを感じるのです。

男性と女性で変わるモノゴトの判断

男性脳は、3次元の空間認知力が高いため人の位置関係に敏感です。相談する相手の位置を意識し秩序が乱れると強いストレスを感じるため、男性的な組織では部署や役職、肩書きを超えて何かをするのが困難となります。

女性脳は、直感的に最適な解答や対応を思いつき、臨機応変を高く評価する傾向にあり、形式的な報告よりも、都度最適な判断が変わる事を考えます。

情報処理能力による男女の脳の違い

女性は男性に比べて脳梁が太いため右脳と左脳の連動性が高く、多くの情報を同時処理できます。そのため女性はある行為をしながら全く別のことを行うのが得意です。
一方、男性は脳梁が細く部分的に脳を使うため一つの事に集中する傾向にあります。

決断が速いことは男性の脳の特徴

右脳系は判断能力であり、直感的な能力は男性が非常に強い傾向にあります。女性の場合は結論を出すことよりも悩んだり比較することが得意で、いろいろ見比べることに楽しみを感じがちです。

男性の強み	女性の強み
集中力 目的重視型 合理的選択 人の位置関係に敏感 組織重視 会話が理論的も単純 感情的に成り難い 会話で女性に負ける 情報の同時処理苦手 決断力が迅速 記憶力が弱い	臨機応変力 発想重視型 直観的選択 人の位置関係に鈍感 組織の変化に対応 情報多く会話が多弁 余計な会話が多い 会話で男性に勝つ 多情報の同時処理可 結論の迅速性に欠ける 記憶力に長ける
総合的に単純性	総合判断力を持つ

第四章　女性集団が消滅国家を防止する

創生

改革は内部からなるもので
外部からもたらされるものではない
エドワード・ギボン

①衝撃の自治体消滅マップ

「月刊プレジデント」（２０２０年新年号）に、我国将来20年後の衝撃的資料、「２０４０年自治体消滅マップ」が公表された（**図表24**）。

㋑２０４０年迄に日本自治体の半数８９６自治体が消滅の可能性。
㋺全国の約３割が空き家となる。
㋩高齢者１人を現役世代１・３人で支える社会。
㋥人口の約３割が高齢者になる。
㋭介護人材が全国で３７７万人が不足となる。
㋬ＡＩで２０３５年仕事が半減、２０４５年に国民総失業になる。
㋣女性の平均寿命が90歳迄上昇する。

正に日本は現在大きな分岐点に立っている。２０１６年の出生数は97万人とはじめて100万人を下廻り、2021年には87万人になり、今後この減少傾向は加速し、65年には約55万人迄落ち込んで行くと予測されております。

一方高齢者の割合も加速され、2050年には65歳以上の人口比率が40%近くに達すると予測されております。総人口が減少する中にあってこれからの日本社会、家族や世代間の格差が広がり、地域も大きな変貌を遂げ、今後具体的に何が起こりつつあるのか、それをどう克服したらいいのか、現実と向き合い、将来の姿を認識し、具体的方策を直ちに立案実行して行かねば我国の将来は未曾有の悲惨な状態に陥る事は確実と思われます。

それは、老々介護「介護される側もする側も高齢者」という現象です。2050年頃には、日本の過疎地域では20%以上の人口減の地域が続出し、自治体の半数は消滅する危機に陥り、その影響が治安の乱れを頻発し、ひいては学校、病院、デパート、銀行等の公共施設の消滅も十分に懸念されます。

そこで消滅が予想される地方、過疎地方都市に於いて最後の生き残り策として、小さな生活の拠点作りが必要になるでしょう〈**図表25**〉。その小さな市町村のシステム作りに、絶対に配慮する必要があるのは、政府関係者の利権が係わらない事でしょう。

前述しました通り、我国の破産とも思われる状況を生み出した最大の原因は、国家

〈図表24〉2040年自治体消滅マップ

2040年までに日本の自治体の半数、896の自治体が消滅の可能性

●日本地図のグレー部分は消滅の可能性がある自治体

出所：日本創成会議

予算の大部分をインフラ、箱物等の建築としてゼネコンを選定した事です。その反省が未だに政権与党に全然見受けられないのです。益々経済環境が厳しくなりつつある現状では、ゼネコンとの深い関係の絆は強くなるばかりで、その先行きは憂慮されます。

ゼネコン議員は、我国攪乱を引きこした犯罪者です。

〈図表25〉小さな拠点とは

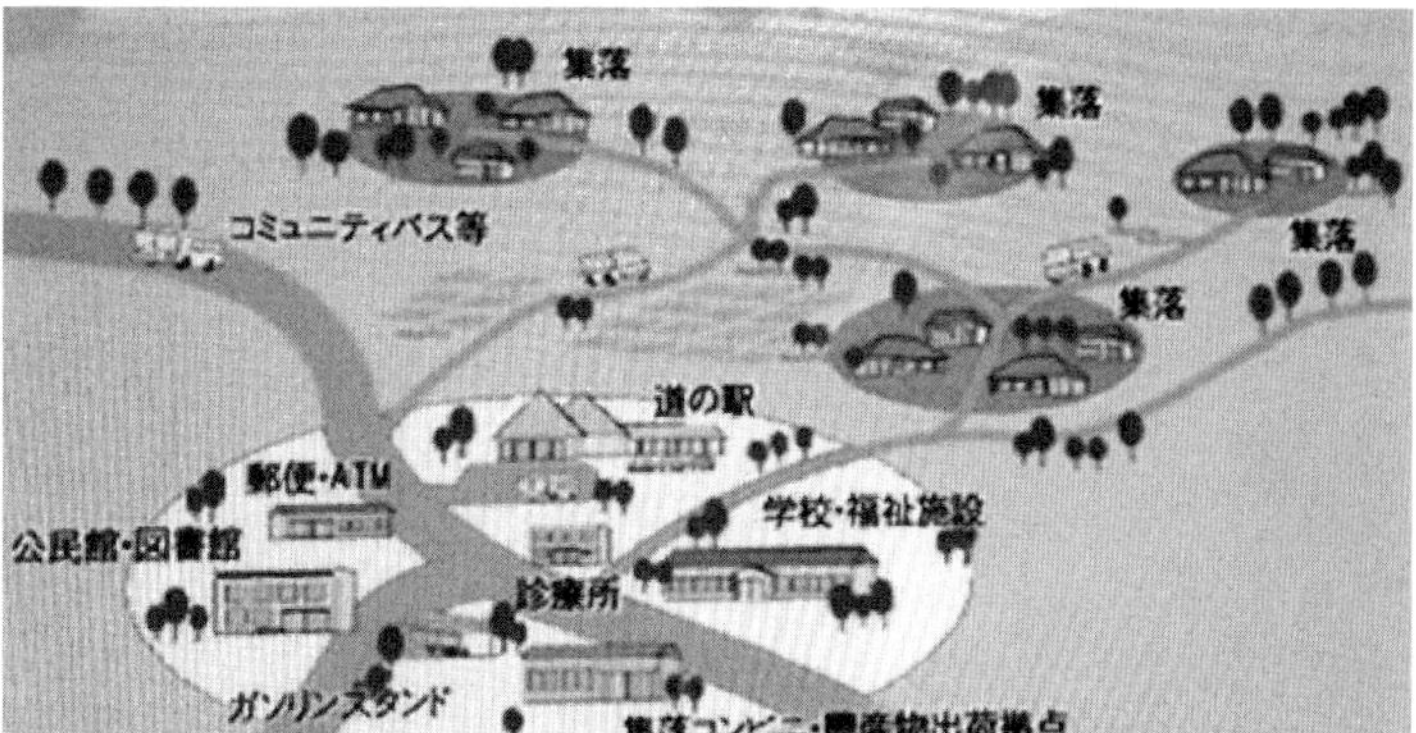

○複数の集落が散在する地球において、商店、診療所などの日常生活に不可欠な施設・機関や、地域活動を行う場を、歩いて動ける範囲に集め、各集落とのアクセス手段を確保した地域の拠点。
○小さな拠点づくりに取り組む地域団体・NPO等が交流し、情報交換を行うことのできるプラットホームを整備し、小さな拠点づくりの普及・拡大を図る。

②市町村創生は女性中心で

地域社会作りには、特に政権与党の議員の集団に依存することは絶対避けねばなりません。

小さな町村創生作りの作業は、女性中心の集合体で進めるべきです。

その理由は、

㋑小さな町作りは、基本的に家庭を見事に運営している女性の考え方と同等です。

㋺町の運用は、細かい事柄に対しての配慮が重要です。

政治的圧力や、上下関係にとらわれず十分な意見交換の上取り纏めるべきです。

㋩諸施設等の建築設計運営には国会議員の関与は排除し、地方都市の方々に全面的に任せるべきです。

㋥中小の過疎地域は、今後益々、財政面、人口の高齢化推移等、存続が極めて難解な状況が予想される事から、地域社会の人員、特に女性集団に全て任せるべきと考えます。

㋭方針に齟齬が生じると場合に依っては外国人の侵入、略奪が十分に予想されます。如何に守るか地域社会の人達の智識知恵の必要性が求められることとなります。

㋬地域社会の崩壊が日本の存続を脅かすことも十分に考慮すべきでしょう。

これ等の日本に於ける将来の予想される状況に対し、世の社会学者、経済学者、歴史学者等の的を射た提言が、全然仄聞《そくぶん》されないのは不思議の限りです。

次に我国の将来再生について、最も重要課題である地方創生の考え方を簡単に説明します。

一、地方創生とは

- 地方を活性化させ人口減少を食い止める
- 日本全般で継続可能な発展を目指す取り組み

二、構想を実現させる為の具体策

- 住宅保有、生活など若い世代へのサービス

・若い世代の税制や手当を検討し、子供への費用の負担を減らす
・住みやすい街作りを創生し、長く住んでもらう

三、2014年、安倍内閣の方針
・地方に仕事を作り、安心して働ける様にする
・地方への新しい人の流れを作る
・若い世代の結婚、出産、子育ての希望を叶える
・地方に合った地域作りで安全な暮らしを果たす

以上の構想等に関しての進捗状況等、国民に全然経過報告もなく。つまり、絵に描いた餅であり、空念仏に過ぎません。政権与党の通例です。

※直近の情報
国土交通省が自治体職員を対象に企画したまちづくりに関する研修会に、講師25人全員を男性が占めている。我国の女性を無視した官庁の態度には、時代遅れの低能さを如実に物語っており、失意を禁じ得ないものです。低能な男性集団は、整合性の結

論を導く能力は無いです。これが限りないジェンダーギャップの実情です。

この様に、地方の創生が叫ばれるなか、「まちづくりの専門家」として注目されている人物がいます。木下斉《ひとし》氏（一般社団法人エリア・イノベーション・アライアンス代表理事）です。

一橋大学の大学院（商学研究科）で産業論を研究していた木下氏は、在学中から研究機関のリサーチャーとして地域政策の調査研究にも従事。高校生の頃からも地元商店街に参画していたということです。

「まちづくりのプロ」となった木下氏は、全国各地を飛び回り、まちづくり関係者に助言や指導を行っており、さまざまなマスコミにも登場して、「成功事例を普遍化して参考にするのは良いが、真似をすれば成功するわけではない」「自ら学び、地域の魅力を発見し、小さな成功を積み重ねることが重要」と説いているのです。

第五章　政治家、大企業役員・管理者の卑陋的思想

喝破

理性、判断力はゆっくり歩いて来るが
偏見は群れをなして走って来る

ルソー

①権力に卑陋した政治家群

マックス・ウェーバーの著書『職業としての政治』、孔子の言「政治家は徳義の人」などを認知している政治家はどの位いるでしょうか、そしてその精神を遵守した政治家は如何程でしょうか。恐らく権力与党の政治家は規範と乖離した日常生活を送っているものと推測されます。

私は政治家の答弁、判断力、態度には、国民感情から可なり掛け離れた異常な雰囲気ではないかと思います。高所から睥睨し、従属させる姿勢が大半です。その代表的政治家は麻生氏、安倍氏等々です。彼等には国民の負託に応える態度は一片も見受けられません。

では代表的安倍元首相の語録を取り上げます。

①防衛費について「我国の財政状況に就き無感覚」
②敵基地攻撃「戦争には戦争の意味」

③核保有「核保有を急ぐ意向」
④防衛費予算「多額国債発行の国の借金に無関心」
⑤憲法「第9条の改正に固執」
⑥未解決の重大事項
㋑桜を見る会
㋺公文書改ざん及び破棄
㋩日本学術会議会員の認可拒否
㋥アベノミクスの効果

以上、いずれの見解も国民常識より乖離している異常且つ低能な感覚といえます。

上記政権与党の代表者は各派閥の領袖であり、その傘の下にいる大勢の政治家は大半トップの精神を引き継いでおり、ほぼ同質の人間と考えざるを得ません。

彼等の日頃の政治活動を想像してみます。

①同派閥の政治家と選挙対策の雑談
②傘下の県会議員、市会議員に威勢を張る

③関係の薄い色々な会合、打ち合わせに顔を出す
④献金に係わる情報を絶えず追い駆ける
⑤読書や文章を綴ることは忘却している

将来の我国の政治体制の正鵠《せいこく》を目指し、一刻も早く改革が必須と痛感しております。世界の中で約半世紀に亘る政治体制交代のない七不思議の国として批判されている現体制を即刻政権を変革して行きたいと念じております。約半世紀に亘る政権交代のなかった国は日本の他に中南米の小国（日本GDPの1％前後）パラグアイのみです。我国の先進国としての地位は殆ど皆無と考えざるを得ません。

次に自由民主党幹部の低俗卑陋な発言。

㋑森元首相の発言＝「女性の会議は長い」

この発言は、ある意味では至言です。真実をついております。男性の場合、国、県、市の会議では結論が既に決まっており、無駄と思われる討論等は殆どありません。従いまして、長時間の会議は少なく短時間で終了します。

企業の場合、例えば取締役会等では上部の社長専務常務の発言は、毎回通り「イエス」か「ノー」であり、担当事業部長が、月次の報告をするだけです。従って社長等に特別の異論がない場合はほぼ円滑に会議が進み、時間通り終了するのが通例です。以上の通り男性の会議、打ち合わせの場合には予め結論が決まっており、参加者から、色々な異論の発言があり、意見を闘わせ、結論を導くということは異例でしょう。男女の脳構造の項で触れましたが男性の脳は極めて単純で単細胞といえます。女性の場合の会議打ち合わせ等では色々な優れた意見が生まれ、十分に意見交換を行い、適切な結論が導き出されます。女性達の会議等は時間に制限を設けず、十分に意見を出し合い、最適な結論を出すのが通例で当然会議や打ち合わせが長くなります。その男女の会議時間の長短を理解できないのが男性の欠点です。

㋺安倍元首相の発言＝「日銀は政府の子会社である」「低能な野党」

彼の三権分立の基本的精神を逸脱した発言は度々です。その基は彼の私利私欲からの精神的偏向からと思われます。

当発言に対して異常を感ずるのは、異次元緩和政策に依り、我国の財政状況を窮地に追い込み、出口のない財政体質に導いた事です。本質的に日銀の地位立場を理解していないのです。この金融業界を驚倒させ兼ねない発言は、全世界の金融業界に、我国トップの異質さを露呈してしまいました。

「低能野党」

当発言も、一般国民に衝撃を与えました。斯様な発言は、政権与党のトップとしては、許されない態度以前に我国民の程度の低位さを世界に露呈したことになり慙愧に耐えない思いです。前述致しましたが、約半世紀に亘り、政権が交代しない政治業界の七不思議の国の一つであるといわれても止むを得ないでしょう。一般国民特に男性は、斯様な状態を生み出す脳機能の停止を疑われます。

㋩細田衆議院議長の発言

女性記者に対しての呟きかと思われますが一般の男性でも口に出す事は憚るのではないでしょうか。彼は自分の立場を如何に認識しているのでしょうか。天皇に拝謁できる我国最高の人物です。取り返しのつかない発言で直ちに辞職しても汚名は消え去らない事です。

直近では、政権与党の幹事長、各閣僚達の道理を弁えない発言が、続出しております。多くを語る程の気持ちのやり場がない程の情けない限りです。

以上、我国政界トップの発言についての感慨を述べましたが、斯様《かよう》な人物を政治のトップとして選択した国民の資質は先進国の地位は勿論、他の発展途上国のすみにも置けない我国の民意の低俗さを明らかに表現した事になります。日本国民の汚名を今後如何なる国民の知慮で返上可能でしょうか。はかり知れない宿題を提示された次第です。

繰り返しますが、自由民主党国会議員の資質について考えさせられるのは、以上申し上げた自由民主党の最大派閥の領袖達の道理から乖離した発言に、その傘下にいる国会議員の低能、低俗さは、はかり知れない程です。痴と言わざるを得ません。

尚、政権与党議員の中にも、政治倫理の遵守に努め、道理を弁《わきま》えられておられる方々がいらっしゃる事も附記しておきます。

②大企業役員・管理者の生活実態

次に大企業の役員、管理者の精神構造に就いて内容を進める項目として、次を挙げたいと思います。

①日頃の生活で一般市民との接触
②会社と私的生活
③私的生活での考え方
④退職後の態様

①日頃の生活で一般市民との接触

大企業の役員、特に常務取締役以上の役職の者、彼等の大部分は会社への送迎又は私的な娯楽等へ出かける場合、タクシーやハイヤーを利用している。近所の人達は、その光景を連日見ているでしょう。

その様な状況下で、主人や妻が近所の人達と出会い、笑談をする場合が殆ど無いでしょう。立場が違い、又物の考え方も相違しているからです。会話といっても軽い挨拶位のものです。一方は見下げ一方は遠慮気味ですから。

お互いに何の興味も面白味もありません。全く味気ない付き合いです。何故一方の方は遠慮勝ちの態度を取らねばならないのでしょうか。

②会社及び私的生活の態様

大企業は、高度成長期を経て今迄非常に安定してきた企業群です。彼等は家庭に居るよりも会社に入った瞬間から全く自由時間を過ごしております。

大きな経営上の問題が無い限り、部下等からの報告を受け、認印をするだけでしょう。退社時間後はハイヤーで高級料亭や高級クラブへ送り込まれるだけです。

所が最近は、安定経済成長も難しくなり難問が続出する事になりました。

漸く実力を発揮できる時代の到来です。

しかしながら彼等の大部分は、日頃から鍛練されていないので困惑の有様です。大企業は今でも殆どが終身雇用制度を踏襲しております。従いまして、一企業に30年以上も塩漬けにされており、一つの企業の内容しか知識が無いのです。

私の方針では一企業のみでは国の経済社会全体像は殆ど修得不可です。出来れば、製造業、金融機関、商社等の他企業を経験出来ますと、経済構造の何倍もの業界を知り尽くす事が可能と考えます。残念ながら片輪の経営出身者が続出の有様です。

③私的生活での考え方

私的生活は衣食住共に極めて恵まれております。その点に就いては論述の必要は全くありません。しかし、彼等の考え方の基本は、全てが家族、親族の安寧を願っているのです。

④退職後の態様

退職後の有様は極めて悲観的です。前記の通り一つのマンモス大企業の終身雇用制度に溺れ、産業界全体の動静に疎く安逸な家庭生活に身を任せ、無為な生活を拱手する日々です。

さて、斯様な社会生活を終焉させ、た後には彼等の生活は如何なものでしょうか。従来の仲間達とのゴルフ、麻雀、高級レストランでの会食等で終始し、粗大ゴミと化してしまいます。

他には何の役にも立たない輩の悲惨な姿となります。
我国の厳しい状況を招来した主犯の一つの集団であるともいえます。

第六章　最終章

安寧

希望は未来の栄光を
疑問をはさまずに待つこと

ダンテ

我国の新しい国家像

「我国の新しい国家像」として、次の様な項目が必須となります。

①ノーベル平和賞の申請
②非武装完全中立国家
③観光事業の拡充
④国際会議の開催（四半期毎）
⑤文化関係の催事（年中行事とする）

①ノーベル平和賞の申請

何時触発するか、予断の許さない時期に当たり、我国の平和精神のシンボルである憲法第9条をノーベル平和賞に発信する。

先ず万人がご存知の「ユネスコ憲章」と「国連憲章」の抜粋を申し上げます。「ユネスコ憲章」の当事国政府はこの国民に代わって次の通り宣言する。戦争は人の心の中で生まれるものであるから、人の心の中に平和の砦を築かねばならない。
第一次、第二次世界大戦は、人間の尊厳、平等、相互の尊重という民主主義の原理を否認し、これらの原理の代わりに無知と偏見を通じて人種の不平等という教養を広めることに依って、可能にされた戦争であった。文化の広い普及と正義、自由平和の為の人類の教育とは、人間の尊厳に欠くことのできないものであり、且つ全ての国民が相互の援助及び相互の関心を持って果たさなくてはならない神聖な義務である。

「国際連合の行動原則」
・全ての加盟国は憲章に従って負っている義務を誠実に履行しなければならない。
・加盟国は、国際紛争を、平和的手段によって国際の平和及び安全を選び正義を危うくしない様に解決しなければならない。
・加盟国はいかなる国に対しても、武力による威嚇若しくは武力の行使を慎まなければならない。

以上の提言に我国の政権与党の政治家は如何なる思考態度を取っているのでしょう

か。彼等は当憲章を心の片隅にも位置づけていないものと憶測し、異質で低俗な発信を繰り返しております。

②非武装完全中立国家

非武装完全中立国家を目指すことは、極めて簡単明瞭な結論ですが、現状は戦争を起こしている相互の国が軍事力を保持している為ではないでしょうか。しかも現況のロシア、ウクライナの長期に亘っている戦争の状況下にあって、世界の諸国の中には核武装の天井知らずの増強に国を挙げて邁進しております。

ある男性の言葉。

「ウクライナを応援している欧米諸国がロシアを攻撃し一挙にロシア撤退させよ」

一方女性の言。

「放映を見るに忍び難い。一刻も早く戦争を止めて欲しい。子供達の悲惨な姿は見られない」

即ち男性の意図は反撃、女性のそれは即中止です。男女には戦争に対する基本的思考には相違があります。例えば相互国の大統領等のトップが女性の場合には話し合いに依り戦争が避けられる可能性が存するものと考えられますが如何でしょうか。

私は悲惨な戦争体験後約80年近く平和を維持してきた経緯から、戦争を引き起こす可能性のある軍事力増強を再考すべきものと痛感しております。某作家の提言通り軍備を強化しても平和にはなりません。必要なのは軍備よりも外交的解決を図ることです。核の傘ではなく核兵器廃絶でリーダーシップを取るべきです。

日本の憲法は人類の英知の結晶と考えられませんか。憲法を改変させるのではなく、今こそ世界に広めるべきでしょう。私は非武装完全中立国を心魂に徹し啓蒙に努めております。

③観光事業の拡充

第一章で詳述致しました通り我国の体質は30年前から成長不可の体質になっております。

我国が観光事業に優れている諸点を取り上げます。

㋑我国は島国であり四方が海に囲まれ風光明媚。
㋺海あり、山あり、行楽の条件が整っている。
㋩道路が高度成長時期に全国に敷設されている。

㈡各地に多くの温泉旅館がある。
㈭春夏秋冬四季それぞれの季節を楽しめる。
㈬食料は、肉、魚、貝、果物野菜全てを満喫できる。

我国の場合、地方の観光事業が遅れている地域もあり、木目細かい整備で開発可能な地域が多く残されている。我国のゼロ低成長時期の到来に際し、観光事業を成長の主要な柱とすべきである。我国防衛予算の半減でも十分な原資となります。

④国際会議の開催（四半期毎）

色々な会議が想定されると思われますが欲張る位に積極的に取り組むべきでしょう。種類としては「政治」「経済」「環境」「保健」「気象」「食料」その他各専門分野も考えられるでしょう。

⑤文化関係の催事（年中行事とする）

観光関連も含めた、文化、美術等の年中行事としての催事は、専門家の意向を聴取の上、計画の立案が急がれます。以上取り上げました観光事業、国際会議、文化関係の催事を年中、我国で開催すべきと考えます。これ等の行事には、世界各国を招聘すべきで、中国、ロシアも当然その対象とすべきでしょう。斯様の色々な対策を行う事に依り、世界各国に対し、平和に徹している国状を宣伝していきたく思います。

この様な状況が醸成された暁には世界中から各国のＶＩＰ来日で全国に於いて絶え間なく賑わい、又、観光客のインバウンドで日本中が潤う様子が窺えられます。夢想を描写しつつ平和で民主主義国日本に対して如何なる国でも武力を向けることが不可能になるものと達観致します。

以上の発想は、中学生、高校生が何時も考えている事柄ではないかと思っております。将来の国造りの構想は、次世代の国民に委譲すべきでしょう。

更に厳酷致したい。

世界各国から賞賛される平和と民主主義の国家の国造りには、既存の政権や官僚の介入は、絶対に排除しなければなりません。社会的進出を進展している女性集団の集合知に全面的に委任すべきと考えます。

あとがき

今迄我国の現在及び将来に於ける経済社会の重要な課題に就いて、縷々お話をして参りましたが、整合性に足りない部分がありました事を反省しております。

最後になりましたが私の心魂に強く衝撃を与えた二つのお話を致します。

◎その一つ目は前述した約半世紀に及ぶ政権交代の無かった国の七不思議の2カ国の一つの国が我国であるとの事です。先進国では我国のみです。この状態は正常でない政治社会の国と世界中から揶揄批判されているのです。「日本国は将来間違いなく消滅する」「日本は、このままでは消える」と世界の代表的知識人の直言と符合するものです。繰り返しますが、それ等の発信者はシンガポール元首相、米国大手自動車メーカーの会長、欧米トルコの著名な経済学者、更に驚くことには元経団連会長等です。この発言は、正に我国の経済社会の将来の姿の真髄を突き止めたものと私は確信しております。

しかしながら繰り返しますが彼等の直言に我国の社会学者、経済学者、歴史学者達の率直な反応は「私達」の耳目に全然届いていないのです。誠に悲嘆の限りです。ましてや、現在の政治家の低俗さには何の期待も望めない。現状では智識に溢れる一般国民、特に優れた女性集団に望みを託すのみです。

◎二つ目は、メディアの首領であるジャーナリズムの崩壊とは、過言かもしれませんが、ご許容下さい。ジャーナリズムの五つの原則があります。

⑴ファクトの重視
⑵弱者の代弁
⑶権力監視
⑷秀明性
⑸社会批判等です。

国民の不安を列挙します。
㈠世界覇権競いの中、我国は何処に向かおうとしているのか
㈡「軍事には軍事」の思想は、国の最大公約数か

㈧年金・医療等の制度は、飛散しないだろうか
㈡公助は、政権与党の独歩で、横道に逸れていないか
㈭政界片隅の女性には、秀でた志向の覚醒を切望する
㈮使命野党の動静は、幼稚園では駄目を猛省する
㈩日本人の道理感覚は、後進国以下ではないか
㈠国民に尊厳意識があるならば、振る舞いを回顧してください

以上の他、枚挙に遑《いとま》がない程の不安に駆られておりますが、現政府の何ひとつ安心感を与えるような施策を提示できない誣罔《ふもう》の為体《ていたらく》には目を覆うばかりです。メディアを代表しているジャーナリズムこそ、権力者等のボイコットを恐れず、現状を正確に直視し、将来に向けて正鵠《せいこく》を唱えるよう、国民は強く切望しております。

今回、私の浅慮な話にお付き合いいただき、深く御礼申し上げ、その上、次世代、次々世代の方々に、僅かばかりの誠意の糧を差し上げますことに、ご海容いただきたく存じます。

尚、今度の拙書出版に際し、文芸社の越前利文様、原田浩二様に大変お世話になり

ました。御二人様から懇切なご指導を賜り、本書の上梓ができました事に深謝申し上げます。

令和四年十二月

神田　烈

著者プロフィール

神田 烈（かんだ いさお）

1937（昭和12）年、秋田県生まれ
1956（昭和31）年、大阪府立茨木高等学校卒業
1961（昭和36）年、一橋大学経済学部卒業
（恩師：荒 憲治郎一橋大学名誉教授）

【著書】
『海図なき日本主義経済』（1994年／東京布井出版）
『正論「家づくり」崩れゆくハウスメーカーの信頼性』（2009年／文芸社）

女性優位の社会論

2023年２月15日　初版第１刷発行

著　者　神田 烈
発行者　瓜谷 綱延
発行所　株式会社文芸社
〒160-0022　東京都新宿区新宿1－10－1
電話　03-5369-3060（代表）
03-5369-2299（販売）

印刷所　図書印刷株式会社

ISBN978-4-286-28079-0